KB136773

청소년이 처음 만나는

동양 철학사

청소년이 처음 만나는 **동양 철학사**

초판 1쇄 펴낸날 | 2021년 6월 25일

지은이 | 신성권
펴낸이 | 도서출판 피플앤북스
공급처 | 도서출판 하늘아래

주소 | 경기도 고양시 일산동구 하늘마을로 57-9 3층 302호
전화 | 031-976-3531
팩스 | 031-976-3530
이메일 | haneulbook@naver.com

등록번호 | 제300-2006-23호

©피플앤북스, 2021
ISBN 979-11-5997-065-8(43150)

*잘못 만들어진 책은 바꾸어 드립니다.
*이 책의 저작권은 도서출판 하늘아래에 있습니다.
*하늘아래의 서면 승인 없는 무단 전재 및 복제를 금합니다.

❈ 동양철학자 15인과 함께 하는 동양철학 안내서

청소년이 처음 만나는

동양 철학사

신성권 지음

우리나라 역사와 문화에 큰 영향을 준 동양철학자
15인의 삶과 사상을 일목요연하게 정리했다.

피플앤북스

철학을 처음 접하는 초심자들의 입장에서는 철학을 고리타분하고 골치 아픈 학문, 현실과 동떨어진 학문이라고 생각하기가 쉽다.

하지만 철학은 몇몇 유별난 지식인들만의 전유물이 아니며 인간의 정신적 생활이 있는 곳이라면 어디에든 존재하는 것이다. 살아 있는 한 인간은 생각하도록 운명 지어져 있고, 또 생각하는 한 철학하지 않을 수 없다. 인간은 숙명적으로 철학하는 존재다.

인간은 자연현상을 향해 항상 의문을 품는 존재였으며, 각 시대마다 무엇이 인간으로서 올바른 길인가에 대해 사유하고 참다운 앎을 추구하였다. 또한 인간은 절망에 빠질 때 그 절망을 극복하고자 수많은 가능성을 생각해내는 존재이기도 하다.

수많은 사상가를 잉태한 춘추전국시대를 한번 살펴보자.

주나라의 지배제도는 왕이 중앙을 통치하고, 그 일족의 자제를 제후로 임명하여 각 지방을 다스리게 하는 봉건제도였다. 제후들은 왕과 혈연관계에 있거나 왕실과 혼인관계를 맺고 있어 창립 초기에는 통치질서가 안정적으로 유지되었다. 하지만 세대가 흘러감에 따라 혈연 의식이 희박해져 가고 종전의 혈연의 원리보다 힘의 원리가 점차 우세해지기 시작했다. 주나라의 중앙권력이 약화되고 지방에 대한 통제력이 상실되면서 각 지방의 제후들은 서로 힘을 다투며 전쟁을 벌였는데, 이 혼란의 시대를 춘추전국시대라고 한다.(춘추시대까지만 해도 주나라 왕실은 명목상이나마 건재했지만 전국시대에 이르러서는 완전히 권위를 상실했고 제후들 간 진정한 의미에서의 정복전쟁이 시작되었다.)

강자가 약자를 짓밟는 것이 당연시되던 시대. 윤리와 도덕이 상실되고 서로 죽고 죽이는 이 절망의 시대. 하지만 절망 속에서도 난세를 극복하고자 해결책을 제시한 수많은 사상가들이 나타났고 우리는 이들을 제자백가(諸子百家)라고 부른다.

그 제자백가의 대표적인 사상이 바로 유가, 도가, 법가이다.

유가를 창시한 공자는 인(仁)과 예(禮)로써 사회질서를 바로잡고자 하였다.

도가의 노자와 장자는 인간의 인위적인 제도를 지양하고 무위(無爲)로써 혼란을 바로잡고자 했다.

법가의 한비자는 강력한 법과 군주의 권력으로 사회질서를 안정시키고 부국강병을 도모하고자 했다. 이들은 정치적, 사회적 혼란을 배경으로 하여, 이상적인 사회를 이룩할 수 있는 각자 자신만의 사상을 제시하고 전파하려 했다.

오늘날 우리가 알고 있는 동양철학의 대부분이 왜 이 혼란의 시대에서 탄생했을까?

춘추전국시대는 전쟁이 끊이지 않았고 살육과 권모술수로 뒤덮인 엄청난 혼란기였다. 원래 이러한 시대에 크고 깊이 있는 철학이 탄생하는 법. 인간의 철학적 사색은 예상치 않은 일이 발생하여 습관적인 일상성이 장애에 부딪칠 때, 잠에서 깨어나게 된다. 절망의 시대인 춘추전국시대는 인간이 생각해낼 수 있는 모든 가능성을 실험해본 시기이다.

이처럼 철학이란 인간과 인간을 둘러싼 세계에 대한 근본 원리와 삶의 본질 따위를 사유하는 것이며 언제나 우리의 현실과 밀접한 관계를 맺고 있다.

때문에 우리는 철학을 공부함으로써 단편적인 철학 개념의 습득에 머무는 것이 아니라 인간의 본질과 사회의 현상에 대해 총체적이고 입체적으로 사고할 수 있는 힘을 기를 수 있게 되는 것이다.

현재의 대한민국은 상호 불신, 갑질, 물질만능주의가 곳곳에 만연해 있으며, 경기의 악화로 사회가 더욱 각박한 지경에 이르렀다. 사회의 변화속도는 더욱더 빨라지고 있으며, 춘추전국시대처럼 한 걸음 앞을 예측하기가 어렵다.

각박한 사회적 현실과 미래에 대한 두려움

이처럼 어지러운 현실일수록 밖이 아닌 안을 돌아볼 때, 표면적 현상에 압도되어 허우적거리지 않고 똑바로 바른길을 갈 수 있다.

역사는 돌고 돌기에 인간의 바른 본성을 탐구하고 그것의 회복을 논했던 동양 철학자들의 흔적을 되짚어보는 것은 지금의 현실에서 매우 의미가 있는 일이 될 것이다.

끝으로, 이 책은 동양철학에 대한 기본적 이해와 부담 없는 접근을 목표로 하는 청소년 또는 초심자들을 위한 책이다. '철학'하면 대부분의 독자들은 난해하고 고리타분한 강의를 떠올리지만, 필자는 유불도(儒佛道)를 중심으로 우리나라의 역사와 문화에 큰 영향을 준 동양 철학자 15인을 선정하여 그들의 삶과 사상을 일목요연하게 전달하고 있다.(1부에서는 동양철학의 원조들을, 2부에서는 한국의 철학자들을 다루고 있다. 이들은 정규 교육과정에서 등장하는 철학자들이기도 하다.) 초심자들은 이 책을 통해 동양철학의 핵심 개념들을 무리 없이 파악할 수 있을 것이다.

차례

제2부

한국의 철학자들

제1부

동양철학의 원조

공자 孔子

맹자 孟子

순자 荀子

노자 老子

장자 莊子

한비자 韓非子

석가 釋迦

공자 孔子

B.C. 551 ~ B.C. 479

"인(仁)이란 다른 사람을 사랑하는 것이다."

중국 춘추 시대의 사상가로 유가의 창시자이며 이름은 구(丘). 자는 중니(仲尼)이다.

노나라 사람으로 여러 나라를 두루 돌아다니면서 인(仁)의 실현을 정치적 이상으로 하는 덕치 정치를 강조했다. 공자의 사상은 2천 년 가까운 세월 동안 중국은 물론 동아시아 왕조의 국가이념으로 자리 잡으며, 동아시아 인문주의의 원형이 되었다. 그가 편찬한 저서로는 〈역경 易經〉, 〈시경 詩經〉, 〈서경書座〉이 있다.

유가의 창시자

그는 기원전 551년 정치적, 사회적 혼란기인 춘추전국시대(春秋戰國時代) 노나라의 평창향 추읍에서 태어났다. 아버지 숙량흘(叔梁紇)이 자신보다 한참이나 나이 어린 여인을 맞아들여 공자를 낳았다고 전해진다.

그의 생애에 대해서는 사마천의 〈사기 史記〉에 언급되어 있는데, 그는 겨우 3살 때 아버지와 사별하고, 가난한 집안 형편 속에서 어머니와 함께 성장했다.

어린 시절부터 어머니가 아버지를 제사 지내는 광경에 큰 호기심과 흥미를 보였던 공자는 그것을 곧잘 흉내 내기도 했다. 유교의 창시자답게 어렸을 적부터 그의 태도는 어른스러웠으며 도(道)와 예(禮)에 밝았던 것이다.

성장한 공자는 한때 노나라에서 고관대작의 자리에 오르기도 했지만, 정치적 모략으로 인해 벼슬에서 내려오기도 했다. 그는 자신의 이상에 따라 정의로운 정치를 실현해보고자 14년 동안 여러 나라를 유세(誘說)했지만 결국 뜻을 이루지 못하고 고향으로 돌아와 제자들을 양성하고 유가의 경전을 정리하는 데 온 힘을 기울었다.

그가 편찬한 〈역경 易經〉, 〈시경 詩經〉, 〈서경 書痤〉을 한데 묶어 3경이라 부르며, 3경은 동양고전의 뿌리로 동양 정신을 대표한다. 여기에 〈춘추 春秋〉와 〈예기 禮記〉를 더해 5경이라고 부르며, 그밖에 〈논어 論語〉, 〈대학 大學〉, 〈중용 中庸〉, 〈맹자 孟子〉를 4서라고 부른다.

* 춘추전국시대(春秋戰國時代)

주나라는 봉건제를 채택하여 중앙은 왕이 각 지방은 혈족들인 제후들이 다스리게 했다. 그러나 이후 시간이 지날수록 중앙의 통제력이 약해지고 예법이 무너지면서 지방의 힘 있는 제후들이 서로 세력을 과시하고 전쟁을 벌였다. 이 혼란의 시대를 춘추전국시대라고 한다. (춘추시대까지만 해도 주나라 왕실은 명목상이나마 건재했지만 전국시대에 이르러서는 완전히 권위를 상실했고 제후들 간 진정한 의미에서의 정복전쟁이 시작되었다.)

자기 의견이나 주장을 많은 사람이 알고 이해하도록 잘 설명하여 널리 알리며 돌아

다니는 것

인(仁) 사상

공자는 예수, 석가모니, 소크라테스(Socrates)와 함께 4대 성인에 들

어간다. 예수는 아가페적 사랑을, 석가모니는 자비를, 소크라테스는 진

리(너 자신을 알라)를 역설했다. 그렇다면 공자 사상의 핵심은 무엇일

까?

공자 철학의 핵심은 바로 '인(仁)'이다. 그렇다면 '인(仁)'이란 과연

무엇일까?

인(仁)은 유교의 가장 중심적인 정치·도덕 이념이다.

인(仁)이라는 개념은 다분히 추상적이어서 막상 한마디로 정의하려

고 하면 쉽게 입이 떨어지지 않는다. 그만큼 유형화하기가 어렵고 손

에 잡히지 않는 개념이다. 인(仁)은 특정한 덕목을 지칭할 때뿐 아니

라, 모든 덕목을 포괄하는 개념으로도 사용된다. 공자 스스로도 때와

장소, 사람에 따라 인(仁)이 제 각각 다르다고 말하고 있다.

하지만 이 책은 철학 초심자들을 위한 것인 만큼 언제 어느 상황에

서도 관통할 수 있는 인(仁)의 핵심적 개념을 파악하여 전달하고자 한

다.

인(仁)이란 사람다움이다. 풀어서 설명하자면 인(仁)이란 사람이 그것에 의하여 인간으로 규정될 수 있게 하는 인간의 본질이다. 인(仁)은 사람을 사람답게 만든다.

그래서 인자(仁者)란 완전한 덕을 갖춘 인격자와 동의어이다.

인(仁) 개념의 가장 기본적인 내용은 충(忠)과 서(恕)이다.

충서(忠恕)란 남을 배려하는 것이다. 충(忠)이란 자기가 이루고자 하는 것이 있으면 남도 이룰 수 있도록 배려하는 것이고, 서(恕)란 자신이 원하지 않는 것을 남에게 강요하지 않는 것이다. 충(忠)과 서(恕)를 합하여 충서(忠恕)의 도(道)라고 하는데, 이것이 곧 인(仁)을 실현하는 방법이다. 그래서 인(仁)이란 결국 다른 사람을 사랑하는 것이다. '仁'은 '人'과 '二'가 결합된 글자다. 두 사람이 사이좋게 살아간다는 의미이기도 하다.

사실 공자가 인(仁)이라는 개념을 제시한 것은 당시의 시대적 배경과도 밀접한 관련이 있다.

공자가 살던 시대는 전쟁터에서 수많은 사람들이 죽어나가고 윤리와 도덕이 상실된 절망의 시대였다. 공자는 이러한 사회적 혼란을 배경으로 하여, 이상적인 사회를 이룩할 수 있는 철학의 핵심으로 인(仁)이라는 개념을 제시한 것이다.

하지만 우리가 주의해야 할 점은 공자가 말한 인(仁)이라는 사랑은 보편적, 무차별적인 사랑이 아니라 차별적인 사랑이라는 점이다. 공자는 신분적 위계질서를 긍정했고 공자의 사랑은 지배계급 내부에만 국한된 상호 배려의 정신인 것이다. 공자는 인(仁)뿐만 아니라 예(禮)라는 개념을 적용함에 있어서도 귀족 계급을 편애하였다.

하지만 공자가 말한 차별적인 사랑은 효(孝)와 제(悌) 그리고 충(忠)과 서(恕)를 사회 전반으로 차등적으로 확장하여 화목한 세상을 이루고자 했다는 점에서 의의가 있다.

----

* 소크라테스(Socrates)

고대 그리스의 철학자(B.C.470 ~ B.C.399)로 문답을 통하여 상대의 무지(無知)를 깨닫게 하고, 시민의 도덕의식을 개혁하는 일에 힘썼다. 신을 모독하고 청년을 타락시켰다는 혐의로 독배를 받고 죽었다. 그의 사상은 제자 플라톤의 〈대화편 Dialogues〉에 전하여진다.

예(禮)를 행함으로써 인(仁)을 회복한다

인간의 내면에는 원래 인(仁)이 있었는데, 지금의 세상이 혼탁한 것은 사람들이 자기 내면의 인(仁)을 상실했기 때문이다. 그래서 공자는 예(禮)를 학습하고 행함으로써 내면의 인(仁)을 회복할 것을 주문한다.

예(禮)는 내면에 인(仁)을 갖춘 사람에게서 나타나는 좋은 행동을 의미한다. 결국, 인(仁)을 회복하기 위해 거꾸로 예(禮)를 행하자는 것이다. 공자는 예(禮)에 맞지 않으면 보지도 말고, 듣지도 말고, 말하지도 말며, 움직이지도 말라고 하였다. 예(禮)는 선으로 인정되는 가치체계로 모든 사람들에게 적용되어야 할 기준이자 이상으로 작용한다.

공자는 인(仁)을 상실한 사람들이 예(禮)를 배우고 행하다보면, 인(仁)을 회복할 수 있다고 보았다.

그러나 이것은 뒤에서 다룰 노자나 장자의 입장에서 볼 때 위선(僞善)에 지나지 않는데, 뒤에서 더 자세히 살펴보도록 한다.

정명(正名)사상

공자가 활동했던 시대는 춘추전국시대였다. 춘추전국시대는 제후간 실력 다툼이 격화된 정치적, 사회적 혼란기다. 이러한 혼란스러운 사회에 대하여 공자는 안정되고 질서가 잡힌 사회를 이루는 데 가장 중요한 것이 정명(正名)의 확립이라고 생각했다. 정명(正名) 사상은 말 그대로 사물과 그 사물의 이상적 본질을 가리키는 이름이 서로 합치될 때 이상적인 사회가 도래된다는 사상이다.

즉 임금이 임금답고, 신하가 신하답고, 아버지가 아버지다우며, 아들이 아들다우면 세상의 질서가 안정되고 이상적인 왕도정치(王道政治)가 실현되리라는 것이다. 만약 통치자인 임금이 임금답지 못하면 비록 주어진 권력으로 인해 명목상 통치자 행세를 한다고 할지라도 진정한 통치자라고 볼 수 없다.

인간사회에 무질서·부패·부도덕 등이 만연된 까닭은, 이처럼 각자가 자신의 이름이나 직함에 합치되지 못한 데에 그 원인이 있기 때문에, 공자는 사회 구성원 모두가 자신에게 부여된 이름에 상응하는 책임과 의무를 완수해야 한다고 보았다.

성인과 군자 그리고 소인

유교는 수기(修己)를 통해 도달할 수 있는 이상적 인간 유형으로 성인(聖人)과 군자(君子)를 제시한다.

성인이 유교에서 말하는 인(仁)을 완전하게 구현하는 인격자라면 군자는 완전한 인격자에는 이르진 못했으나 거기에 이르고자 끊임없이 노력하여 인격이 상당한 수준에 도달한 사람이라고 정의할 수 있다. 공자는 성인에 이르는 것은 매우 어려운 일이지만 누구나 끊임없이 노력하면 군자에 이를 수 있다고 하였다. 그래서 그는 사람들이 군자에 이르도록 하는 것을 교육의 제일 목표로 삼았다.

군자가 되기 위해서는 근본적인 덕(德), 즉 인(仁)을 갖추어야 하는데 인(仁)의 내용으로 지혜, 용기, 겸손을 제시했다. 공자에 따르면 군자는 물질적인 가치에 휘둘리지 않으며 정신적인 가치를 추구한다. 반면 소인은 물질적인 것에 집착하여 사리(私利)에 민감한 인간 유형이다. 군자는 여러 사람과 어울리지만, 결코 부화뇌동(附和雷同)하지 않는 데 반해 소인은 부화뇌동(附和雷同)하지만, 사람들과 화합을 이루지 못한다. 군자는 겸손하고 태연한 데 반해 소인은 교만하다.

* 수기(修己)

자신의 몸과 마음을 갈고닦음

* 부화뇌동(附和雷同)

우레 소리에 맞춰 함께한다는 뜻으로, 자신만의 뚜렷한 소신 없이 그저 남이 하는 대로 따라함을 의미

공자와 장자

공자가 강조하는 서(恕)는 자신이 원하지 않는 것을 남에게 행하지 말라는 말이다. 이는 다른 사람의 마음을 나의 마음과 같이 생각하는 것이다. 공자의 이러한 요구는 타인과의 관계에 있어 자신이 원하는 것과 원하지 않는 것이 무엇인지에 대한 성찰을 함축한다. 하지만 이러한 공자의 논리에 비판을 가한 사상가가 등장하는데, 뒤에서 다룰 장자(莊子)라는 철학자다.

장자는 '바닷새 이야기'를 통해 공자의 논리를 신랄하게 비판한다.

"옛날 바닷새가 노나라 서울 밖에 날아와 앉았다. 노후가 이 새를 친히 종묘 안으로 데리고 와 술을 권하고 구소(九韶)의 곡을 연주해 주고, 소와 돼지, 양을 잡아 대접했다. 그러나 새는 어리둥절해 하고 슬퍼할 뿐, 고기

한 점 먹지 않고 술도 한잔 마시지 않은 채, 사흘 만에 죽어버리고 말았다.”

– 지락 至樂

공자가 강조한 서(恕)는 결국 다른 사람의 마음을 자신의 마음처럼 여기라는 것인데, 과연 자신이 원하는 것을 타인이 항상 원할 것이라고 확신할 수 있는가? 노나라 임금은 자신이 가장 원하는 것들을 진심으로 새에게 베풀어주었다. 하지만 새는 기뻐하기는커녕 슬퍼하였고 결국 사흘 만에 죽고 말았다. 즉, 장자의 논리는 자신이 원하는 것으로 상대를 대하지 말고 상대가 원하는 것으로 상대를 대해야 한다는 것이다.

여기서 공자가 제시한 인(仁)이라는 가치도 의도와는 다르게 폭력적인 결과를 낳을 수 있음을 알 수 있다. 그는 자신의 기준에서 자신이 대접받고 싶은 대로 상대를 대접했을 뿐, 새가 무엇을 원하고 싫어하는지를 알려고 하지 않았다.

그는 새를 새로서 대하지 못했다. 결국 그의 진심은 애초의 기대와 상식을 깨트리는 사랑의 역설로 나타났다. 공자 사상의 한계점이 드러나는 대목이다.

장자가 문제 삼는 것은 인간 내면에 굳어진 편견이다. 공자가 상정한 타자는 자기 관념 속에서 정립된 타자이지만 장자가 상정한 타자는 삶과 현실에서 마주하는 타자이다.

자기 본위, 자기중심적 사고체계에서 타인을 상정해놓고 타인을 대하게 되면 선한 의도가 폭력적인 결과로 돌아올 수 있다.

장자는 자신만의 잣대로 설정해 놓은 관념 속의 성심(成心)을 버림으로써 대아(大我)의 경지로 나아갈 수 있고, 천지자연과 무한히 소통할 수 있다고 보았다.

한국사회와 유가

우리나라에서는 삼국시대 이전부터 유교, 불교, 도교가 전파되어 문화적으로 많은 영향을 미쳤다. 특히 그중에서도 우리의 정치, 경제, 사회, 문화 전반에 가장 큰 영향을 미친 것은 당연코 유교다. 태극기 역시 〈주역 周易〉에 입각하여 만들어진 것이며, 한글 역시 유교의 음양오행 사상이 깃들어져 있으며, 지폐에 등장하는 세종대왕, 이이, 이황 모두 유학자이다.

한국 특유의 공동체 의식도 유교적 가치관이 우리 의식 속 깊이 자리 잡은 결과이다.

개인적 가치와 개성이 존중되는 21세기 현대사회에서도 유교는 우리가 의식하지 못하는 사이에 여전히 우리의 사고와 행동에 상당한 영향을 미치고 있다.

유교적 가치관은 현실보다도 이상적인 도덕을 중시하며 실용 학문과 기술을 천시하고 형이상학적 문제에 매달리게 만들어 국가의 근대화가 지연되고 결과적으로 일본의 식민 지배를 받게 되었다는 비판을 받기도 한다. 또한, 윗사람과 아랫사람을 엄격히 구분하는 고리타분한 이데올로기가 여러 가지 복잡하고 형식적인 허례허식을 낳았다고 비판을 하는 사람도 있다.

하지만 모두가 한 몸 되어 단기간 동안 경제적 급성장을 이뤄낸 한강의 기적 역시 유교의 긍정적 영향임을 잊지 말아야 할 것이다. 흔히 유교의 이념과 가치관들은 자본주의와 어울리지 않는다고 생각하지만 높은 윤리적 동기와 가치 추구가 국가의 존엄과 발전을 위해 헌신하는 마음과 자세를 낳고 강력한 협력을 이끌어 내어 '경제적 기적'을 가져올 수 있음을 간과하지 말아야 한다.

－알아두면 좋은 **공자의 명언**

- 군자는 말하기 전에 행동하고, 그 후 자신의 행동에 맞춰 말을 한다.
- 과오를 범하고 고치지 않는 자는 또 다른 과오를 범하고 있는 것이다.
- 자기가 서고자 하면 먼저 남을 세우고, 이루고자 하면 남을 먼저 이루도록 하라.
- 군자는 어울리나 똑같진 않고, 소인은 똑같은 짓을 하면서도 어울릴 줄 모른다.

  군자는 태평하나 교만하지 않고, 소인은 교만하면서도 태평치를 못하다.
- 위대한 사람은 말은 겸손하지만, 행동이 남보다 뛰어나다.

맹자 孟子
B.C. 372 ~ B.C. 289

"인간의 본성은 선하다."

맹자의 이름은 가(軻), 자는 자여(子輿)다.

공자와 더불어 유가의 대표적인 사상가이자 교육가이다.

중국 전국 시대의 사상가로 공자의 인(仁) 사상을 발전시켜 성선설(性善說)을 주장하였으며, 이를 바탕으로 왕도정치(王道政治)에 의한 이상적인 세계의 건설을 주장했다.

유가의 집대성자

유가의 창시자는 공자이지만 유가의 이름을 크게 떨친 인물은 맹자다.

중국 전국 시대의 사상가로 공자의 인(仁) 사상을 발전시켜 성선설(性善說)을 주장하였으며, 이를 바탕으로 왕도정치(王道政治)에 의한 이상적인 세계의 건설을 주장했다

맹자 역시 공자처럼 어릴 때 아버지와 사별하고 어머니 슬하에서 성장했지만, 조숙하고 어른스러웠던 공자와는 다르게 말썽꾸러기였다고

전해진다. 하지만 맹자는 공자가 태어난 곳과 인접한 곳에서 생활했기 때문에 일찍이 유학을 접할 기회가 많았으며 그의 어머니 역시 교육에 지극 정성을 다했기 때문에 그는 공자 못지않게 위대한 유교 사상가로 성장할 수 있었다. 맹자의 어머니는 그가 교육적으로 유익한 환경에서 자랄 수 있도록 거처를 3번이나 옮겼는데 이 일화는 맹모삼천지교(孟母三遷之敎)로 불린다.

우수한 재능에 말썽꾸러기였던 그는 점차 용기가 넘치고 과단성 있는 지식인으로 성장했다. 그가 이상 정치를 논할 때는 왕 앞에서도 거침이 없었다고 전해진다. 이익을 추구하는 것에 대해 왕을 신랄하게 비판하는가 하면 왕이 민생을 위한 제구실을 하지 못할 경우 왕위에서 물러나야 한다는 급진적인 주장을 펼치기도 했다.

··

* 맹모삼천지교(孟母三遷之敎)

맹자의 어머니가 맹자의 교육을 위해 3번이나 이사를 한 가르침이라는 뜻으로, 자녀 교육에는 주위 환경이 중요하다는 가르침을 이르는 말

인간은 본래 선하다

맹자는 인간의 본성이 착하다는 성선설(性善說)을 주장했다.

물이 위에서 아래로 흐르듯, 인간 역시 선한 것을 따르려는 성질이 있다는 것이다. 물이 아래에서 위로 흐르는 경우가 있다면 그것은 외

부의 인위적인 변수나 강제력이 발동한 결과 일터, 물이 아래에서 위로 흐르는 것이 어찌 물의 성질이라고 할 수 있겠는가.

마찬가지로 본래 선한 마음을 가진 인간이 악행을 저지르는 것은 그 사람을 둘러싼 사회적 환경이나 제도가 불합리하게 왜곡되어 있거나 통치자들의 과오에서 기인하는 것이다.

그렇다면 인간의 본성이 선하다는 사실을 어떻게 알 수 있을까?

그는 인간의 본성이 착하다는 것을 증명하기 위해 '우물가의 어린아이'를 예시로 들어 설명했다. 만약 어떤 사람이 지나가는 길에 어린아이가 우물 속으로 빠져들어가는 광경을 보았다고 하자. 이 광경을 보는 사람은 누구나 그 어린아이에 대해 애처로운 마음을 갖게 될 것이다. 우리의 이러한 마음은 천성에서 비롯되는 것이다. 우리가 우물 속으로 빠진 아이를 보고 슬픈 감정을 느끼는 이유는 그 아이의 부모와 친분을 의식해서도 아니고 아이의 부모나 동네 이웃들에게 보상이나 칭찬을 받기 위해서도 아니다. 이처럼 인간은 누구나 타인의 고통을 차마 보지 못하는 마음을 가지고 태어났다.

공자는 사람은 누구나 태어나면서부터 인(仁)의 덕을 가지고 있다고 보았다.

인(仁)은 인간의 본성으로 사람을 사랑하는 마음이며 배려하는 마음이고 인간을 인간답게 하는 마음이다. 맹자는 이러한 공자의 인(仁)을 받아들여 인(仁)을 인간다움이라고 하였으며 공자가 말한 인(仁)을 인(仁), 의(義), 예(禮), 지(智)의 4가지 덕, 즉 4단(四端)으로 확장하였다.

맹자는 누군가를 불쌍하고 측은하게 여기는 마음(측은지심)은 어짊의 시작이고, 부끄러워하는 마음(수오지심)은 의로움의 시작, 사양하는 마음(사양지심)은 예(禮)의 시작, 옳고 그름을 가리는 마음(시비지심)은 지혜의 시작이라고 말했다. 즉, 측은지심(惻隱之心), 수오지심(羞惡之心), 사양지심(辭讓之心), 시비지심(是非之心)은 4가지 선한 마음의 단서인 것이다. 인간의 어짊과 의로움과 예의바름과 지혜의 실마리는 이미 태어나면서부터 우리 마음속에 깃들어 있다. 인간의 선한 본성의 실마리가 되는 이 4가지를 4단이라고 부른다. 그러므로 누구든지 타고난 천성대로 행동하면 누구나 착해질 수 있다.

우리는 우리의 선한 본성을 잘 보존하고 널리 키워나가기 위해 무엇을 해야 할까?

맹자는 인간이 타고난 천성에 따라 선하게 행동하기 위해서는 용기를 길러야 한다고 주장했다. 여기서 용기란 스스로 의롭다고 생각하면 어떠한 외압에도 겁을 내지 않고 당당하게 행동하는 것을 말한다. 대장부로서 큰 뜻을 이루고자 한다면 시련을 극복하고 유혹을 물리치는 굳센 신념이 있어야 한다. 도덕적으로 높은 경지에 오른 사람은 위험한 상황 속에서도 굴복하지 않고 도덕적 원칙을 준수할 수 있다.

* 측은지심(惻隱之心)

남을 불쌍하게 여기는 타고난 착한 마음으로 인(仁)의 단서가 된다.

* 수오지심(羞惡之心)

자기의 옳지 못함을 부끄러워하고, 남의 옳지 못함을 미워하는 마음으로 의(義)의 단서가 된다.

* 사양지심(辭讓之心)

겸손하여 남에게 사양할 줄 아는 마음으로 예(禮)의 단서가 된다.

* 시비지심(是非之心)

옳음과 그름을 가릴 줄 아는 마음으로 지(智)의 단서가 된다.

호연지기(浩然之氣)

맹자에게 있어 하늘은 만물의 근원이며 우주의 주재자다. 그리고 사람은 본성 속에 하늘의 뜻을 깨닫고 따르는 속성이 있다고 말했다. 맹자의 이러한 사고는 하늘의 질서를 인간의 도덕 원리로 삼는 천명(天命)과 천인합일(天人合一) 사상에 근거해 있다.

인간은 하늘이 주신 본성의 도(道)를 올바로 터득하고 충서(忠恕)를 실천함으로써 우주 천지 만물과 합일하여 호연지기(浩然之氣)를 이룰 수 있다고 하였다.

'호연지기(浩然之氣)'는 크고 넓게 뻗친 기운이라는 뜻으로 맹자는 이 호연지기(浩然之氣)를 길러야만 흔들리지 않고 굳센 마음으로 도덕적 신념을 지킬 수 있다고 하였다.

맹자는 호연지기(浩然之氣)를 의(義)가 쌓여서 생기는 것이라고 표현한다. 호연지기(浩然之氣)는 떳떳함에서 오는 용기이다. 올바름에 대한 내면의 목소리에 집중하고, 그 올바름에 대한 믿음이 강해지면 세력이 형성되어 몸 밖으로 표출되는 것이다. 그 올바름에 대한 실천을 통해 경험이 축적될수록 그 올바름에 대한 믿음은 더욱 견고하게 형성되어 떳떳해질 것이고 그것을 몸으로 실천해내는 행동력 역시 점점 강해질 것이다. 세력이 몸을 통해 행동으로 발산될 때 그것은 정신적인 것이 물리적인 힘을 갖는 육체를 통해 표출되므로 정신적 용기이기도 하지만 동시에 육체적 용기이기도 하다.

중요한 점은 내면의 소리를 들었을 때 어떠한 외부의 압력이나 장애에도 불구하고 자신의 도덕적 신념을 실천하려는 의지가 있어야 한다는 점이다. 진실에 항상 깨어있으며, 그것을 실천하려는 의지를 가져야 한다.

왕도정치(王道政治)

맹자는 성선설(性善說)을 바탕으로 개인의 도덕적 가치를 국가 사회적 차원에서 실현하기 위한 개념으로 왕도정치(王道政治)를 제시한다. 왕도정치(王道政治)는 인(仁)과 덕(德)을 바탕으로 하는 정치로, 이

(利)보다는 의(義)로써 나라를 다스려야 한다는 정치이론이다.

맹자는 양혜왕에게 다음과 같이 충고했다.

"만약 임금께서 어떻게 내 나라를 이롭게 할까 주장하신다면, 대부들도 어떻게 하여 내 집안을 이롭게 할까 하고 말할 것이며, 또 선비나 백성들도 어떻게 나 자신을 이롭게 할까 하고 말할 것입니다. 이렇게 위아래가 서로 자기 이익만을 위해 다툰다면 나라는 위태로워질 것입니다."

그만큼 맹자는 의(義)를 추구한 인물이다.

맹자가 의(義)를 강조한 것은 맞지만 그렇다고 해서 백성들의 민생을 소홀하게 여겼던 것은 아니다. 왕도정치(王道政治)는 백성들의 민생문제, 즉 먹고사는 문제를 해결해줘야만 달성될 수 있기 때문이다. 맹자는 인간의 선한 본성을 위에서 아래로 흐르는 물의 성질에 비유했다. 물이 아래에서 위로 흐른다면 그것은 물의 성질이 그렇기 때문이 아니라 다른 환경적 변수나 외압에 의한 것이다. 따라서 인간이 타고난 본성대로 선하게 살기 위해서는 인간, 즉 백성들을 둘러싼 사회적 환경이 선한 본성을 발현하는 데 장애가 되지 않도록 개선되어야 하는 것이다. 흉년이 들어 백성들이 굶주린다면 백성들은 그 선한 본성에도 불구하고 스스로 생존하기 위해 다른 사람의 재물을 빼앗을 것이고 심지어 살인을 저지를 수도 있다. 그러므로 왕은 나라의 산출량을 향상시켜 풍년에는 백성들이 배불리 먹고, 흉년에는 굶어 죽지 않도록 해야 한다. 맹자는 농업 생산량을 증대시켜 백성이 배부르고 따뜻하며 안락하게 살아야 한다고 주장했다.

오늘날의 관점에서는 민생안정이 당연한 정치적 과제지만 그 당시 맹자의 민생안정은 제후들의 횡포로부터 백성들의 재산과 생명을 보장하라는 뜻이기도 했기 때문에 다소 위험한 발언이기도 했다.

맹자는 이익과 힘을 숭상하고 권모술수(權謀術數)를 조장하는 패도정치(覇道政治)보다는 인의(仁義)와 도덕을 핵심적 가치로 하는 왕도정치(王道政治)가 더 우월하다고 믿었다. 맹자는 패도정치(覇道政治)는 악덕할 뿐만 아니라 천하를 통일하고도 오래가지도 못한다고 지적했다.

제아무리 강력한 힘을 가진 군주라 할지라도 중대한 잘못을 저지르거나 군주로서 의무를 이행하지 못한다면 백성들의 마음에서 멀어질 것이고, 군주는 왕위에서 쫓겨나게 될 것이다. 심지어 백성들이 왕을 몰아내거나 살해할 수도 있다. 그는 백성을 사랑하고 민생을 안정시켜 민심을 얻어야만 스스로 천하를 덕(德)으로 다스리는 참다운 군주가 될 수 있다고 보았다.

이처럼 맹자는 성선설(性善說)에 기반하여 정치 사상가로서 당당한 면모를 보였다.

하지만 백성의 지지를 받지 못하는 왕은 언제라도 물러나야 한다는 그의 주장은 왕들의 정치적 근간을 뒤흔들 수 있는 위험한 발언이라 그의 초상화와 글이 문묘에서 제거되기도 했다.

* 권모술수(權謀術數)

권세와 모략, 술수를 가리지 않고 정치적 목적을 달성하고자 꾀하는 술책을 말한다.

* 패도정치(覇道政治)

권세나 무력으로 다스리는 정치를 말한다.

맹자의 군자론

맹자는 성인과 군자를 엄격히 구분하지는 않았다.

그는 성인과 군자를 아울러 대인(大人)이라는 말을 쓰기도 했다.

그는 4단(인, 의, 예, 지)의 본성적 마음을 확충시키면 대인(大人)이 되고, 감각의 욕망의 노예가 되면 소인(小人)이 된다고 하였다. 성인과 군자, 즉 대인이란 도덕적 인격을 갖춘 사람이며 누구나 노력하면 대인(大人)의 경지에 오를 수 있다고 한다. 대인(大人)이 되기 위해서는 첫째, 하늘이 내려준 본성의 도(道)를 올바로 터득하고, 둘째, 선한 마음의 본체인 양지(良知)를 존양해야 한다.

맹자가 묘사한 대인(大人)의 모습은 다음과 같다.

"스스로 돌이켜보아서 의롭지 못하다 생각되면 비록 허름한 옷을 입은 미천한 사람 앞에서도 우리는 두려워하지 않을 수 없으나 스스로 생각해서

의롭기만 하다면 천만 명의 사람과 대적할 지라도 나는 당당히 나아갈 수 있다."

— 공손추상 公孫丑上

"그리하여 부귀로도 이 사람의 마음을 어지럽히지 못하고, 빈천으로도 이 사람의 지조를 바꾸지 못하며, 위엄과 무력으로도 이 사람 뜻을 꺾지 못한다."

— 등문공하 滕文公下

_알아두면 좋은 **맹자의 명언**

- 하늘이 장차 큰일을 맡기려 할 때는 반드시 먼저 그 마음을 괴롭히고 신체를 고단하게 하며 배를 굶주리게 하고 생활을 곤궁에 빠뜨려 행하는 일마다 어지럽게 하나니 그것은 마음을 분발하게 하고 성질을 참게 하여 해내지 못하던 일을 능히 감당할 수 있게 하기 위함이다.
- 경계하고 경계하라.
  너에게서 나간 것은 너에게로 돌아온다.
- 사람의 병은 남의 스승이 되기를 좋아하는 데에 있다
- 하고자 함이 있는 사람은 우물을 파는 것과 비슷하다.
  우물 파기를 아홉 길이나 해 내려갔다고 하여도 샘솟는 데에까지 이르지 못했다면, 그것은 오히려 우물을 포기한 것이나 마찬가지이다.
- 백성이 귀하고 사직은 그 다음이고 군주는 가볍다.

순자 荀子
B.C. 298 ~ B.C. 238

"선은 후천적으로 습득하는 것이다."

순자의 이름은 순황(荀況). 자는 순경(荀卿)이다.

맹자와 같은 시대를 살았지만 맹자가 성선설(性善說)에 기반하여 덕치주의(德治主義)를 주장한 데 반해, 순자는 인간의 본성은 악하다는 성악설(性惡說)에 근거하여 '예(禮)'로써 교육하고 다스려야 한다는 예치주의(禮治主義)를 주장했다.

유가의 이단아

인간의 본성은 선할까? 악할까? 아니면 인간은 선하지도 않고 악하지도 않은 존재인 것일까? 맹자는 인간의 본성은 하늘이 부여한 것이기 때문에 인간이 수양을 통해 외부의 압력과 환경을 극복하고 타고난 본성대로 행위 할 줄 알게 되면 본연의 선한 존재가 될 수 있다고 하였다.

그렇다면 맹자의 말마따나 인간은 그 본성이 착함에도 불구하고 왜 다른 사람의 물건을 훔치고 살인을 하는 등 사악한 행위를 저지르는 것일까? 이 질문에 대해 순자는 인간의 욕심에 주목한다. 인간의 본성은 선한 면도 있는데 욕망 때문에 정치적, 사회적으로 혼란을 초래한다는 말이다. 인간은 자신의 이익을 추구하며, 자신의 이익과 쾌락을 위해 다른 사람에게 해악을 끼칠 수 있는 존재다. 또 남을 시기 질투하기 쉬우며, 그대로 두면 서로가 가진 좋은 것들을 빼앗기 위해 다투게 되어 사회가 어지럽게 된다.

사람들이 주어진 본성에 따라 살아가게 되면 세상이 무법천지가 될 것이므로 마땅히 성현의 도(道)와 예(禮)를 배우게 하여 교화시켜야만 이상 사회를 이룩할 수 있다는 것이 순자 사상의 핵심이다.

선(善)은 후천적으로 습득하는 것

맹자는 인간의 천성을 선하다고 본 반면, 순자는 악하다고 보았다.

맹자는 사람의 본성이 착하기 때문에 여러 가지 환경적 변수와 자극 속에서도 그 본성이 잘 발현될 수 있도록 하는 취지에서 교육을 강조한 반면, 순자는 사람의 악한 본성을 억제하기 위해 외부에서 가해지는 후천적이고 인위적인 교육이 필요하다고 보았다. 즉, 인간은 날 때부터 이익을 구하고 그 과정에서 서로 질투하고 미워하는 습성이 있기 때문에 그대로 놔두면 싸움이 그치지 않는다는 것이다. 그러므로 이것을 고치기 위해서는 성현의 예(禮)를 배우고 정신을 수련해야만 한다고 주장하였다. 순자는 각 개인들이 예(禮)를 학습하고 이기심을 극복함으로써 보다 도덕적인 세상을 만들 수 있다고 보았던 것이다.

"사람은 태어나면서 무리를 짓는데 아래 위가 없으면 서로 다투게 된다. 그러므로 사람은 잠시라도 예(禮)를 버려서는 안 된다."

"지금 사람들은 스승과 법도에 교화되고 학문을 쌓고 예의를 실천하고 있는 사람을 군자라 하고, 본성과 감정을 멋대로 버려두고 성나는 대로 행동하며 예의를 어기는 자를 소인이라 한다. 이로써 본다면 사람의 본성은 악함이 분명하며, 본성이 선하다는 것은 거짓인 것이다."

— 순자

성인과 군자 그리고 소인의 구별은 결국 후천적인 노력에 달려있게 된다. 그에 따르면 성인은 스스로가 후천적 노력을 통해 자신의 본능과 욕망을 극복하고 그 본성을 선하게 만든 경우에 해당한다.

주의할 점은 맹자와 순자가 말하는 인간의 본성은 각자가 주목하는 부분이 다르다는 점이다. 순자가 말한 성악설(性惡說)의 '성(性)'자는 맹자가 말한 성선설(性善說)의 '성(性)'자와 다소 차이가 있다. 인간에게는 이성과 욕망이라는 것이 함께 존재한다. 인간의 본성을 선하다고 규정한 맹자는 인간의 본능이나 욕구보다는 옳고 바른 것을 분별할 줄 아는 이성을 본성이라고 본 것이고 인간이 악하다고 규정한 순자는 인간 본성의 도덕적인 측면에 주목한 맹자와 달리 인간 본성의 생리적 욕구와 욕망에 주목한 것이다.

순자는 소인뿐만 아니라 군자도 생리적 욕구와 욕망을 가지고 있다고 보았다. 다만 소인은 욕구에 지배당하지만 군자는 예(禮)를 통해 도덕적 원리를 내면화하고 절제할 수 있다고 보았다. 이것은 본성인 욕구와 욕망을 억제할 의식적 노력이 있느냐 없느냐의 차이다.

순자는 그러한 의식적 노력을 제도화하려고 했고 그것이 바로 예치(禮治)다.

순자가 말하는 예(禮)가 지나치게 형식적이고 통치적인 기능에 치우친 것 같지만 그는 예(禮)가 단순한 형식에 그치는 것이 아니라 내면의 도덕성으로 이어질 수 있다는 점을 강조했다.

예(禮)가 처음에는 외형적인 형식에 불과하겠지만 성현으로부터 예(禮)를 배우고 익혀 지속적으로 실천하는 과정을 통해 어느새 도덕적 원리가 내면화되어 악한 본성을 선하게 변화시킬 수 있다고 보았다. 이것을 화성기위(化性起僞)라고 한다.

이점에서 순자의 사상은 공자가 말한 극기복례(克己復禮)와 일맥상통한다.

---

* 극기복례(克己復禮)

욕망이나 사(詐)된 마음 등을 자기 자신의 의지력으로 억제하고 예의에 어그러지지 않도록 함

예치(禮治)와 법치(法治)

인간의 이기적이고 악한 본성으로부터 초래되는 사회적 혼란을 바로잡기 위해 순자가 제시했던 예치(禮治) 사상은 한비자, 이사(李斯)와 같이 법을 지키도록 강제하고 어길 시 처벌하는 법가사상의 논리로 이어진다. 하지만 순자가 제시한 예치(禮治)는 한비자가 말한 법치(法治)와 다음과 같은 점에서 차이가 있다.

법치(法治)는 객관적인 법을 마련하고 널리 선포하여 상과 벌로써 개인 중심의 사회 질서를 수립한다는 의미다. 반면 예치(禮治)는 강제력보다는 교육을 통한 도덕적인 교화를 통해 범죄를 미연에 방지하고 사회의 혼란을 바로 잡는다는 의미다. 병으로 비유를 들면 예치(禮治)가 사전예방이고, 법치(法治)는 병에 걸린 다음의 치료법이다.

예치(禮治)가 제도보다 사람의 자발성을 앞세운 것이라면, 법치(法治)는 사람보다 제도를 앞세우는 것이다.

과학적 사고에 입각한 사상

공자와 맹자는 하늘의 명령을 최고의 도덕원리로 보았다. 노자와 장자는 천인합일(天人合一)을 주장했으며, 묵자(墨子)는 하늘이 인간의 운명을 관장한다고 보았다.

하지만 순자에게 있어 하늘은 단지 자연적인 것에 지나지 않는다.

천재지변, 즉 지진, 가뭄, 홍수는 자연현상에 불과할 뿐 왕의 정치적 과실과는 관련이 없다. 제아무리 성군이 백성들을 지극정성으로 보살펴도 가뭄과 역병이 일어나 백성들이 굶주릴 수 있으며, 폭군이 등장하여 백성들을 괴롭혀도 풍년이 들어 배불리 먹을 수도 있다.

순자는 이렇듯 인간을 하늘로부터 독립시켰다. 이러한 논리를 바탕으로 그는 사람이 반드시 하늘을 정복해야 한다는 다소 과격한 표현을 쓰기도 했다.

그렇다면 순자의 입장에서 인간은 하늘을 어떠한 태도로 다뤄야 할까?

하늘의 움직임은 인간사와 독립된 자연현상에 불과하므로 사람은 하늘의 움직임에서 규칙과 법칙을 알아내어 그것을 우리 삶에 유용하게 활용해야 한다는 입장을 취한다.

인간은 가뭄이 들것을 대비하여 저수시설을 마련해야 하고 홍수에 대비해서 수도를 마련해야 한다. 이런 점에서 순자는 당시 사상계에서 드물게 존재했던 과학적 사고를 지닌 사상가였고 이상보다 현실을 중시한 서양의 철학자 아리스토텔레스(Aristoteles)에 비유되기도 한다.

* 묵자(墨子)

중국 춘추 전국 시대 노나라의 사상가·철학자(B.C.480~B.C.390). 성은 묵(墨), 이름은 적(翟)이다. 차별적 사랑을 주장한 유가(儒家)와 달리, 무차별적 박애의 겸애(兼愛)를 설파하고 평화론을 주장하여 유가와 견줄 만한 학파를 이루었다.

동방의 아리스토텔레스

공자와 소크라테스(Socrates)는 모두 정치적 혼란기 속에서 세상을 구하고자 하는 해법을 제시했다.

공자는 인(仁)을 소크라테스는 진리를 추구했다는 점에서 차이가 있지만 두 철학자는 모두 자신이 절대적인 어떤 존재로부터 특별한 사명을 위임받았다고 생각했다.

소크라테스는 자신이 아폴론 신으로부터 그리스인을 교화시킬 임무를 부여받았다고 생각했으며 공자 역시 자신이 무슨 일을 하든지 하늘의 지시를 받고 있다고 확신했다.

소크라테스와 공자 모두 신성한 사명의식에 따라 제자들을 양성하고 당시의 수많은 사람들을 가르쳤다.

맹자와 플라톤(Platon)은 현실보다는 이상을 추구했다.

플라톤의 이상 국가와 맹자의 왕도정치(王道政治)는 이상적인 이론이기는 하지만 현실과 다소 동떨어져 있어 실현되기가 어렵다는 문제를 가지고 있다.

현실 속의 인간이 항상 이성에 따라 합리적으로만 움직이는 것은 아니기 때문이다. 오히려 인간은 이성보다는 내적 욕망과 무의식의 지배를 많이 받으며, 그것을 인정하고 반영하는 이론을 제시하는 편이 현실에서 더욱 가시적인 결과를 내기에 유리할 것이다.

반면 이상보다 현실에 대한 관찰을 중시했던 순자와 아리스토텔레스(Aristoteles)는 각각 그들의 사상적 스승 격인 맹자와 플라톤의 사상에 대해 비판적이었다.

이상주의적이었던 플라톤과 달리 현실에 대한 관찰을 중시했던 아리스토텔레스처럼 순자는 좀 더 현실적인 논리를 내세웠던 유가의 현실주의자였다.

순자가 살던 전국 시대는 강대국들의 세력 다툼으로 전쟁이 창궐하고 사회적 계급이 동요하던 시기였다. 이 혼탁한 세상 속에서 순자는 현실 속에 존재하는 인간 본래의 모습을 직시하고 그것을 개선하기 위한 엄격한 법(法)과 예(禮)와 같은 제도적 장치의 필요성을 느꼈다.

....

* 플라톤(Platon)

고대 그리스의 철학자(B.C. 428 ~ B.C. 347)이며 소크라테스의 제자로, 아카데미를 개설하여 생애를 교육에 바쳤다. 대화편(Dialogues)을 다수 쓰고, 초월적인 이데아(Idea)가 참실재(實在)라고 하는 사고방식을 전개하였다. 철학자가 통치하는 이상 국가의 사상으로 유명하다.

* 아리스토텔레스(Aristoteles)

고대 그리스의 철학자(B.C. 384 ~ B.C. 322)로 소요학파의 창시자이다.

그는 이데아(Idea)를 보았더라도, 공동체의 구체적인 요구를 초월한 철학자는 '올바른 정치'를 할 수 없다고 보았다. '실천적 지혜'를 통해 '철학적 지혜'를 보완해야 함을 역설한 것이다.

고대에 있어서 최대의 학문적 체계를 세웠고, 중세의 스콜라 철학을 비롯하여 후세의 학문에 큰 영향을 주었다.

● 빠른 명마는 하루에 천 리를 달릴 수가 있다. 노둔한 노마도 쉬지 않고
  열흘을 걸으면 역시 천 리 길을 갈 수가 있다.

● 군자는 태어나면서부터 다른 것이 아니다.
  외부의 것을 잘 배우는 사람일 뿐이다.

● 길이 아무리 가까워도 가지 않으면 이르지 못한다.
  일이 아무리 작은 것이라도 행하지 않으면 이루어지지 않는다.
  생활에 절실함이 없는 사람은 남보다 뛰어날 수 없다.

● 날이 추워지지 않으면 소나무와 잣나무의 절개를 알 수 없고
  시련이 없으면 군자의 진가를 알 수 없다.

● 높은 산에 오르지 않으면
  하늘이 얼마나 높은지 알 수 없고
  깊은 계곡에 가보지 않으면
  땅이 얼마나 두터운지 또한 알 수 없다.

노자 老子
B.C. 579 ~ B.C. 499(추정)

"도(道)는 언제나 일부러 하지 아니하지만 하지 못하는 일이 없다."

중국 춘추 시대의 사상가로 성은 이(李). 이름은 이(耳). 자는 담(聃),백양(伯陽)이다.

그에 대한 정확한 정보는 많지 않으나 공자보다 연장자이며 공자가 젊은 시절 그에게 예(禮)를 물었다고 전해진다. 유가가 명분과 인위적인 교육을 강조한 것에 반해 도가(道家)의 시조인 노자는 무위자연(無爲自然)을 강조했다. 유가의 인위적인 도덕이 본래의 순수한 인간을 위선적으로 만들고 세상을 더욱 어지럽게 만들고 있음을 지적하고 좀 더 근원적인 앎으로 나아가려고 했다.

도가의 창시자

도가는 기원전 500년경 중국에서 유교보다 먼저 발생했다.

우주만물을 생성하고 궁극적 실재를 '도(道)'로보고 그 사상을 펼쳤기 때문에 '도가(道家)'라고 하며 노자가 창시하고 장자가 크게 발전시켰기 때문에 노장사상이라고 부르기도 한다.

유교는 물론, 법가, 묵가 등 중국의 학파에 광범위한 영향을 미쳤다.(특히, 유가의 순자와 법가의 한비자에게 큰 영향을 미쳤으며 훗날에는 주자에게도 영향을 미쳤다.)

노자의 시대는 춘추전국시대로 전란이 빈번하게 일어나는 매우 혼란스러운 시대였다.

노자는 당시 사회적 혼란은 지식과 문명의 발전으로 욕망과 거짓이 확대되고 인간이 본연의 순수한 마음을 상실했기 때문에 초래된 것으로 진단했다. 그는 "지혜가 생기고부터 큰 거짓이 생겨났다."라고 말한다. 노자는 사회적 혼란을 해결하기 위해서 지식과 지혜, 제도를 거부해야 한다고 주장했다.

사회적 혼란을 바로잡기 위해 유가가 명분과 인위적 교육을 강조한데 반해 도가의 시조인 노자는 무위자연(無爲自然)을 강조했다.

윤희(尹喜)의 권유에 따라 노자는 5천 자의 작은 책 한 권을 쓰게 되었는데 이것이 바로 오늘날 〈노자 老子〉또는 〈도덕경 道德經〉으로 불리는 명저이다. 〈도덕경 道德經〉은 노자 사상을 전반적으로 잘 전달해주고 있으며 오늘날에도 인류에게 큰 영향을 미치고 있다.

노자와 공자의 만남

공자는 인간이라면 누구에게나 적용되는 보편적 본질이 있다고 보았다.

즉, 선(善)으로 인정되는 특정한 가치 체계를 내면화하고 그것과 일체를 이룸으로써 우리는 보편성 속으로 편입되는 것이다. 이것이 바로 공자가 추구한 교육의 목표인 것이다.

공자는 예(禮)에 맞지 않으면 보지도 말고, 듣지도 말고, 말하지도 말며, 움직이지도 말라고 하였다. 예(禮)는 선으로 인정되는 가치체계로 모든 사람들에게 적용되어야 할 기준이자 이상으로 작용한다.

하지만 노자는 특정한 기준을 상정하고 이를 모든 사람들에게 적용시켜야 한다고 보는 공자 식의 사상에 반대한다. 공자가 제시하는 인간의 길이 제아무리 도덕적으로 선하다 할지라도 그것이 하나의 기준으로 적용되는 한 결국은 사회적 차별과 구분, 억압을 초래하는 것이기 때문이다.

공자는 노자에게 찾아가 예(禮)에 대해 물은 적이 있는데, 노자의 답변은 다음과 같다.

"당신이 높이 평가하는 요순시대의 성현의 예(禮), 그것을 말했던 이들의 기와 뼈는 이미 썩어 사라졌소. 남은 것은 오직 그들의 말 뿐이오. 내가 당신에게 말하고 싶은 것은 이것이오. 군자는 때를 만나면 수레를 몰고 거들먹거리지만, 때를 만나지 못하면 티끌처럼 누추하게 떠돌아다니게 될 뿐이오. 내가 듣기로 진짜 훌륭한 장사꾼은 자신이 가지고 있는 가장 좋은 물건은 깊이 감추어 남에게 보이지 않는다고 했소. 마찬가지로 진정으로 덕이 있는 군자의 얼굴은 마치 어리석은 듯 보이게 되오. 당신은 교만과 욕심을 버리고, 있어 보이는 얼굴빛과 모든 것을 자신의 뜻대로 하려는 마음을 버려야 하오. 이는 모두 당신에게 이롭지 않소. 내가 당신에게 말하고자 하는 것은 이것뿐이라오."

노자는 분명 공자의 사상과 행동에 비판을 가하고 있다.
그러나 노자의 뜻을 헤아린 공자는 다음과 같이 말하며 제자들을 향해 그에 대한 존경을 표했다.

"새는 자신의 능히 날 수 있음을 알고, 물고기는 자신이 능히 헤엄칠 수 있음을 알며, 짐승은 자신이 능히 달아날 수 있음을 안다. 하지만 달아나는 것은 망에 걸리고, 헤엄치는 것은 낚싯줄에 걸리며, 날아다니는 것은 화살에 맞는다. 용에 이르렀을 때에야 비로소 바람과 구름을 타고 하늘로 올라갈 수 있음을 이제까지 알지 못하였다. 오늘 노자를 보며 마치 용을 본 것만 같았다."

도(道)는 형체가 없다

노자는 도(道)를 도(道)라고 부를 수 있는 것은 불변하는 이름이 아니며, 이름을 이름이라고 부를 수 있는 것은 항상 변함없는 도(道)가 아니며, 이름을 이름이라 부를 수 있는 것은 불변한 이름이 아니라고 했다.
도(道)라는 것은 이름이 없고, 그것을 개념화하여 해석을 시도할수록 불분명해지는 것이다. 도(道)는 개념적으로 유형화할 수도, 말이나 글로 표현할 수도, 손으로 잡을 수도 없다. 노자는 도(道)라는 것은 끊임없이 생성 소멸하는 에너지로 형체가 없어 인간의 인식능력으로는 그 실체를 파악하기 어렵다고 했다. 노자는 도(道)란 보려 해도 볼 수 없고, 들으려 해도 들을 수 없고, 잡으려 해도 잡히지 않는 것이라고 한다.

도(道)는 시공간의 한계를 초월해있기 때문에 무극(無極)이다. 하지만 여기서 무(無)라는 것은 단순히 아무것도 없다는 뜻이 아니라 어떠한 모양도 가지지 않았지만 이 세상의 형체를 갖는 모든 존재를 탄생하게 하는 무(無)이다. 유가의 공자는 도(道)를 인간의 윤리에 국한시켜 설명하고 있지만 노자가 말하는 도(道)는 우주의 근본을 의미한다.

* 무극(無極)
우주의 근원, 우주 만물 구성의 근원이 되는 본체를 태극(太極)이라고 하는데, 무미무취(無味無臭)하고 무성무색(無聲無色)하므로 무극(無極)이라고 한다. 만물이 돌아가야 하는 근본적 도(道)라고 할 수 있다.

도(道)는 만물 속에 깃들어 있다.

노자는 도(道)란 우주 만물 외부에 따로 존재하는 것이 아니라 만물과 더불어 존재한다고 했다. 도(道)는 만물로 생성되며, 만물은 소멸하여 도(道)로 다시 되돌아간다. 이 생성과 소멸의 과정은 끊임없이 일어난다.

도(道)는 우주 안에 가득 차 있는 무형의 존재로, 우주 만물보다 먼저 존재해왔고, 시공을 초월해 있으며, 만물과 더불어 생성 소멸하면서 존재한다.

노자가 말하길 도(道)는 언제나 일부러 하지 아니하지만 하지 못하는 일이 없다고 하였다. 이것은 도(道)의 무위(無爲)의 기능을 말하는 것인데 이는 인위(人爲)와 상반되는 개념으로 '억지로 하지 않음' '조작하지 않음' '자연스럽게 함' '스스로 그러함'을 뜻한다.

이런 무위의 기능을 가진 도(道)는 움직이고 변화하며 음과 양이라는 두 기(氣)를 낳고, 그 두 기(氣)가 서로 화합하여 만물을 생성하고, 만물이 다시 소멸하여 무(無)의 상태로 돌아간다.

우주 만물이 기(氣)의 작용으로 생겨나고 다시 그것이 흩어져 근본의 모습으로 돌아가므로 인간이나 짐승이나 근본적으로 다르지 않게 된다. 여기에서 천지 만물은 우리와 더불어 생겨났고, 나와 더불어 하나라는 논리가 성립된다.

무위자연의 도(道), 지식을 버림

노자는 유가의 핵심적인 덕들을 인위적인 것으로 보아 지혜와 인의(仁義)를 끊을 것을 요구한다. 노자의 사상은 허(虛), 공(空), 무위(無

爲)가 핵심이다.

공자와 노자 그리고 장자는 모두 혼란한 시대적 배경 속에서 세상을 바로잡고자 한 사상가라는 점에서 공통적이지만 그 방법에 있어서는 큰 차이가 있었다.

공자는 직접 현실에 뛰어들어 문제를 해결하려 했다면 노자와 장자는 인위적인 지식과 제도를 멀리함으로써 문제가 자연적으로 치유되기를 바랐다.

도가에서는 일상적 지식이나 지혜라는 것이 인간으로 하여금 사물을 분별하게 만들고 시비에 빠지게 하여 혼란과 고뇌를 초래한다고 보았다.

헛된 지식이 헛된 욕망을 일으키고 헛된 욕망이 도(道)를 체득하는데 도리어 방해가 되는 것이다. 그러므로 우리는 일상의 작은 지식과 작은 지혜를 버려야만 한다.

노자는 무지(無知)를 강조했는데, 인간은 무엇인가를 알면 알수록 고통과 번뇌에 빠지게 되며 현실에 불만을 갖기 쉬워 사회는 더욱 혼란에 빠지게 되기 때문이다. 지식과 욕망은 서로 간 충돌을 발생시키므로 사회 문제를 해결하기 위해서는 아무것도 하지 않아야 한다. 천하는 무위(無爲)로써 아무것도 하지 않음으로써 다스려진다. 여기서 아무것도 하지 않는다는 것은 단순히 아무것도 하지 않음을 의미하는 것이 아니라 억지와 인위(人爲)를 피하고 자연스럽게 행하는 것을 의미한다.

이는 세상의 혼란을 바로잡고자 인(仁), 의(義), 예(禮), 지(智), 충(忠), 효(孝) 같은 도덕적 가치를 핵심적 가치로 떠받드는 유가와 배치되는 것이다. 인(仁)과 의(義)라는 것도 결국은 인간이 인위로 만든 것으로 그것은 인간의 순박한 본성을 해치고 도리어 세상을 더욱 혼란스럽게 만들 뿐이다. 억지로 꾸미는 행위는 미봉책(彌縫策)에 불과할 뿐 오래가지 못하고 그치게 마련이다.

즉, 큰 도(道)가 없어지고 나서 인(仁)과 의(義)가 나타난 것이며,
육친이 화목하지 못하자 효도라는 것이 나타났으며,
나라가 혼란에 빠지자 충신이 나오게 된다는 것이다.
우리는 이러한 형식에 치우친 인위적 허례(虛禮)를 버림으로써 자연스러운 덕(德)을 회복할 수 있는 것이다.
장자 역시 유가의 인의(仁義)와 예(禮)를 사람의 본성과 배치되는 인위적인 것으로 보아 비판했다.

공자는 군군신신부부자자(君君臣臣父父子子)라는 정명(正名) 사상을 토대로 명분을 바로 세워 혼탁한 세상을 바로잡으려고 했으나 반대로 노자는 이름에 집착하지 말 것을 주문한다.

이름이 있고부터 사람들이 하나의 명칭에 구속되어 자기 자신이 없게 되고 쉽게 동류에게 돌아가 무리를 짓고 서로 다툰다고 보았기 때문이다. 자기 자신을 보호하는 길은 무명(無明)에 의존하는 것이다.

욕심을 버려라

노자 사상에서 말하는 자연은 인위적 제한을 가하지 않는 것이다. 그렇다고 사회 질서나 지식을 모두 부정하는 것은 아니며 제도의 최소화를 의미한다.

사람과 사람 사이에서 충돌이 발생하지 않는 범위까지 인위적인 제도를 간소화해야 한다고 주장했다. 그의 이러한 발상은 무욕에서 비롯되었는데, 사람이 자기 욕망을 내려놓는다면 서로 간 투쟁이 사라질 것이며 결과적으로 사회문제는 저절로 해결될 것이다. 노자가 강조하는 자연은 최대한 인공적 요소를 가하지 않는 것이다.

공자는 자연에서 자원을 발굴하여 사람들을 위해 이용해야 한다고 보았지만 노자는 인류에게 생존 권한이 있듯이 다른 생물들에게도 생존권이 있기 때문에 인간이 자신의 생존을 위해 다른 생물의 생존권을 박탈할 수 없다고 보았다. 이는 당연히 자신의 이익을 위해 다른 사람을 희생시키지 말아야 한다는 논리로 이어진다. 모든 인간이, 모든 국가와 발전만을 추구한다면 갈등과 경쟁이 발생하여 수많은 자연의 자원들이 파괴될 것이다.

소국과민(小國寡民)

노자가 제시한 이상적인 국가는 인구와 영토의 규모가 작으며, 최소한의 규칙과 질서로 백성들이 지혜와 욕망, 물질을 추구하지 않고 소박함을 즐기는 나라다.

노자의 시대는 춘추전국시대로 전란이 빈번하게 일어났고, 매우 혼란스러운 시대였다. 이 시대적 배경 속에서 노자는 전쟁이 없는 사회를 꿈꿨다. 그렇다면 전쟁이 없는 평화로운 상태는 어떻게 달성할 수 있는가? 노자가 제시한 이상 사회의 모델은 소국과민(小國寡民)이다. 그는 나라와 나라 사이의 독립성을 중시했는데, 최소한의 생존을 위한 인구에 의해 구성된 국가를 유지하는 것이 상호 간 충돌을 막을 수 있는 가장 좋은 방법이라고 본 것이다. 영토가 좁고 인구도 적지만 행복한 삶을 충분히 살아갈 수 있는 국가. 생활은 단순하고 소박하지만, 만인이 편안하게 생업에 종사하며 유유자적한 생활을 할 수 있는 국가. 이것이 그가 그린 이상적 국가다. (노자는 인간이 본래 타고난 순수한 상태 그 자체로 살아가는 것을 이상적인 삶으로 규정하기 때문에 인위적 문명과 제도를 거부한다.)

만약 한 국가가 막대한 군사력을 기반으로 토지를 넓혀간다면 반드시 주변의 다른 국가들을 침범하게 되고 자연히 주변 국가는 생존을 위해 경쟁력 확보 차원에서 막대한 자연 자원을 낭비하게 될 것이다. 이러한 악순환이 계속되면 결국 강국 사이에 필연적으로 전쟁이 발생하게 된다.

그러므로 이 세상은 아주 작은 국가를 유지하고 인구는 생존을 위한 최소한의 범위 내로 구성되어야 한다. 장자 역시 노자의 소국과민(小國寡民)을 이상적인 사회 형태로 받아들였다.

_알아두면 좋은 **노자의 명언**

- 과도한 욕망보다 큰 참사는 없다. 불만족보다 큰 죄는 없다. 그리고 탐욕보다 큰 재앙은 없다.
- 적게 가지는 것은 소유다. 많이 가지는 것은 혼란이다.
- 인간은 너무 많은 지식을 갖고 있어서 통치하기 어렵다.
- 강하고 큰 것은 아래에 머물고
  부드럽고 약한 것은 위에 있게 되는 것이 자연의 법칙이다.
  천하의 지극히 부드러운 것이 천하의 강한 것을 지배한다.
- 알면서도 겸손할 줄 아는 것은 최상이고
  모르면서도 나서는 것은 병이다.
  그것이 병임을 알기에 성인에게는 병이 없다.

장자 莊子

B.C. 369 ~ B.C. 286

"자기 자신을 잊는 경지에 이르러야 나와 우주 만물 사이에
경계가 없는 천인합일(天人合一)의 경지에 도달할 수 있다."

장자의 이름은 주(周), 자는 자휴(子休)다. 송나라의 몽읍(蒙邑)에서 출생했다. 유교의 인위적인 예교(禮敎)를 부정하고 자연으로 돌아가자는 자연 철학을 제창하였다. 장자는 언어적 재능이 매우 탁월한 사상가였다. 그는 보통의 철학자들과 다르게 비유적이며 환상과 유머가 가득한 철학서를 남겼는데, 이는 사상적으로 뿐만 아니라 문학적으로도 작품성이 훌륭하다. 이점에서 비유와 상징을 통해 자신의 사상을 문학적 형태로 전달했던 서양의 철학자 니체에 비유되기도 한다.(사상의 표현 방식뿐만 아니라, 사상 자체에서도 유사한 부분들이 많다.)

속세를 초월한 자

어느 날 장자의 현명함을 들은 초나라의 위왕이 신하 두 명을 보내 그를 재상으로 삼겠다는 뜻을 전달했다.

그때 장자는 강가에 앉아 낚시를 하고 있었는데, 장자는 다음과 같이 말하며 재상이 되길 거부했다고 한다.

"아주 귀한 소 한 마리가 있는데, 이 소의 털은 모두 같은 색으로 희우(犧牛)라고 불립니다. 이 소는 매우 귀한 대접을 받으며 여러 해 동안 좋은 먹이를 먹고 성장하지만 결국 왕실의 종묘에 재물로 바쳐질 운명에 처하게 됩니다. 특히 소가 재물로 바쳐지기 전에는 굉장히 아름다운 비단옷이 입혀집니다.

마찬가지로 내가 재상이 된다면 여러 해 동안은 좋은 대접을 받으며 신분이 상승한 것처럼 보이겠지만 사실은 감시당하는 것과 다름이 없어서 자유를 잃게 될 것입니다. 그때는 한 마리의 돼지가 되고 싶어도 될 수가 없게 됩니다. 그러니 나에게 더 이상 재상이 되라고 하지 마십시오. 나는 차라리 더러운 시궁창에서 노닐며 즐길지언정 나라를 가진 제후들에게 얽매이지는 않을 것입니다. 나는 죽을 때까지 벼슬하지 않고 내 마음대로 즐겁게 살겠소."

결국 초나라 위왕의 초대는 무산된다.

여기서 주의할 점은 소의 근본적 불행은 죽음이 아니라 자유를 잃은 것에 있다는 것이다. 자유를 잃었기에 생명마저 잃게 된 것이다. 그는 자연스러운 삶을 원했다. 그는 결코 자신의 자유를 정치권력이나 세속적 명예나 돈으로 교환하길 원하지 않았다.

인간이 물질적 욕망과 명예욕을 내려놓는다는 것은 사실 사회적으로 쓸모없는 인간이 되는 것이다. 쓸모없는 인간이기에 오히려 더욱 자유로워질 수 있다. 쓸모가 없기에 위험에 처하지 않게 된다. 이는 장자가 무용지용(無用之用)의 이치를 말하는 것이다.

쓸모 있는 존재가 되기 위해서 애쓰지 않으므로 스스로를 고통스럽게 하지 않는다.

장자는 헛된 성공을 좇아 자신을 괴롭히는 자를 자신의 그림자를 피해 달아나는 사람에 비유했다. 그는 자기 그림자로부터 벗어나기 위해 더욱 힘차게 달리지만 결국 한 발자국도 벗어나지 못하고 지쳐 쓰러지고 만다. 만약 그가 처음부터 나무 그늘 아래에 앉아 있었더라면 그림자가 생기지 않았을 것이다.

---

* 무용지용(無用之用)

쓸모없는 것의 쓸모. 쓸모없다고 생각하는 것이 실은 쓸모가 있음을 말한다.

재주가 빼어나 쓸모 있는 사람은 남의 도구로 부려지거나 시기와 모함을 받아 제명에 죽지 못하는 경우가 많았다. 오히려 가시가 많고 구불구불한 산목은 재목과 땔감으로 쓸모가 없기에 천수를 누리며 사람과 다른 짐승들에게 시원한 그늘을 제공해주는 쓰임이 있다.

그래서 노자와 장자는 재능이 있더라도 그것을 함부로 과시하지 말고 겸손할 것을 당부한다.

노자와 장자의 도(道)

노자의 사상과 장자의 사상을 흔히 노장사상이라고 일괄하며, 장자를 노자의 주석정도로 여기는 경우도 많지만, 양자 간에는 뚜렷한 차이가 있음을 주의할 필요가 있다. 도(道)에 대한 관점이 그렇다.

노자에게 있어 도(道)라는 것은 세상에 존재하는 모든 사물들 간의 관계원리이자, 만물에 앞서 존재하는 것이다. 예를 들어, 의자는 그 자체로 자립적 존재가 아니라 다른 주체와의 관계 속에서 존재한다. 아무도 앉을 수 없는 것이라면 그것은 이미 의자일 수가 없다. 누군가가 앉는다는 가능성을 전제해야 의자일 수가 있는 것이다. 즉, 의자는 어떤 주체가 앉아있기 위해 존재하는 것으로, 이처럼 '도(道)'는 다른 주체와 관계할 수 있는 가능성을 상징하는 원리이며 구체적 개체인 의자보다 선행하여 존재하는 것이다.

노자에게 있어 도(道)라는 것은 만물의 근원으로서 정적실체이다.

그러나 장자에게 있어 도(道)는 구체적 사물들에 선행하여 존재하는 것이 아니다.

사물들의 관계에 의해 사후적으로 만들어지는 것에 지나지 않는다. 산을 탈 때 눈앞에 펼쳐져있는 산길이 우리와 무관하게 먼저 존재한 것처럼 보이지만, 사실은 사람들이 많이 왕래한 결과로 만들어진 것에 비유할 수 있다. 즉, 장자에게 있어 도(道)라는 것은 정적실체가 아니라 시시각각 변화하는 유전(流轉) 그 자체다.

따라서 노자는 '태고(太古)의 근(根, 道)에 복귀한다'라고 말하며, 장자는 '현재 있는 그대로의 화(化, 道)에 탄다고 말한다.

이상과 신념을 비판하다

장자는 인간의 물질적 욕망과 명예욕만을 비판한 것이 아니다. 그는 바람직한 사회를 만들려는 사상가들의 이상과 신념에도 신랄한 평가를 내렸다. 특히 도덕적 기준을 상정하여 인위적으로 옳고 그름을 나누고 이상적인 사회를 만들려 했던 유가를 비판했다.

도덕에는 옳고 그름에 대한 기준이 반드시 전제되는데, 어떻게 하면 옳은 것이고 어떻게 하면 그릇된 것인지가 명확하다. 하지만 도가에서는 옳고 그름의 기준마저 극복하려고 한다.

옳고 그름의 기준이 있을 수는 있지만 언제 어디서나 모든 주체에게 적용되는 절대적인 기준이란 존재하지 않으며 모든 것은 상대적이라는 것이다.

토끼는 풀을 최고의 음식으로 여기지만 호랑이는 다른 동물의 살점을 최고의 음식으로 여긴다. 동물은 각기 살기 좋은 곳, 맛있는 음식, 암컷을 유혹할 때의 미적 기준이 모두 다른데 인간 역시 이와 다르지 않다는 것이다. 인간 역시 좋아하는 음식, 미적 기준, 살기 편한 환경이 개인마다 다르다. 이는 더 나아가 어떤 사회나 조직이 유일한 기준을 절대적 가치로 상정하고 이를 개인들에게 강요해서는 안 된다는 논리로 발전한다. 다양한 관점에서 사물을 이해하지 못하고 한 가지 기준을 강요한다면 이는 전체주의(全體主義)로 빠지기 쉬운 것이다.

사람들은 언제나 자신의 이상에 절대적 가치를 부여하며 자신의 생각이 절대로 틀리지 않는다고 생각한다. 그래서 자신들의 가치관에 반하는 생각을 하는 사람들이 세상에서 모두 사라지면 꿈꾸던 이상적인 사회가 도래할 것이라고 생각한다. 하지만 언제나 그 결과는 지옥이었다. 유대인을 학살한 히틀러가 그랬고, 일본의 제국주의가 그랬으며, 자국민을 대량 학살한 캄보디아의 폴 포트 정권이 그랬다.

------

* 전체주의(全體主義)

민족이나 국가의 존립과 발전을 위하여 강력한 국가권력이 일정한 논리로 개인의 다양한 사상과 자유로운 활동을 억압하는 사상 및 체제를 말한다.

전체주의는 개인보다 사회 · 집단 · 국가의 중요성을 강조하는 것으로, 개인은 국가의 이익을 위해 자유를 희생당하게 된다.

자아를 망각할 때 참된 지혜가 나온다

도(道)는 형체가 없어 우리의 감각기관을 통해 볼 수도 만질 수도 맛볼 수도, 냄새를 맡을 수도 없다. 도(道)는 우리의 인식능력 밖에 존재하므로 오직 신비적 직관을 통해서만 인식할 수 있다.

여기서 말하는 직관은 우리의 경험적 지식이나 논리적 이성에 의존하여 얻어지는 것이 아니다. 의식적 추리과정을 건너뛰어 단번에 앎에 이르는 것을 의미한다.

노자는 우주만물, 즉 현상계에 존재하는 여러 사물들은 우리의 감각기관에 의존하여 지각할 수 있지만 도(道)의 본체는 의식적 감각을 내려놓는 상태에서만 지각할 수 있다고 하였다.

장자는 감각기관을 통해 들어온 정보를 바탕으로 사유하고 분석하여 얻은 앎은 진정한 앎이 아니라고 한다. 그것은 어디까지나 현상계의 사물에 대한 지각에 불과할 뿐이다. 그는 작은 지혜를 버려야 큰 지혜를 발휘할 수 있다고 하였다.

지식과 관념. 이성적 사유를 모두 떨쳐버리고 마음을 비워야 한다. 장자는 안다는 것은 천박한 것이라고 하여 일상적 지식을 거부했다.

사자와 호랑이는 사슴을 잡아먹고 사슴과 토끼는 풀을, 뱀은 개구리를 잡아먹는다.

과연 이들 중 어느 것이 참된 맛을 알고 있는가?

우리가 흔히 지식이라고 말하는 것들은 대부분 일정한 표준을 상정한 다음에야 옳고 그름을 판단할 수 있는 것이다. 하지만 우리가 임의로 상정한 그 기준이 절대적으로 옳다고 볼 수 있는가? 민물고기에게 바다에 대해서 아무리 설명을 해봐도 이해를 하지 못하는 것은 주체가 공간에 구속을 받기 때문이고, 인간이 도(道)에 대해 이야기를 들어도 이해를 하지 못하는 것은 자신이 이미 알고 있는 앎에 속박되어 있기 때문이다. 인간은 철저하게 자신의 입장에서 이익을 따지며, 자신과의 관련성에 따라 사물을 중요한 것과 중요하지 않은 것으로 구분한다.

동물이든 인간이든 모든 존재는 자신의 인지체계 내에서 사물을 판별할 수 있으며 자신의 앎의 한계를 곧 세상의 전부로 알고 살아가고 있다. 그러므로 우리가 참된 진리를 깨우치기 위해서는 먼저 '나'에 대한 집착을 내려놓고 고정관념을 버려야 한다.

큰 지혜를 얻고자 한다면 반드시 작은 지혜를 버려야만 한다.

자신의 존재를 망각하고 마음의 분별적 지각 능력을 버려야만 크고 밝은 지혜를 얻을 수 있다. 앞서 공자가 강조한 서(恕)는 뒤집어서 말하면 결국 자신이 원하는 것을 남에게도 행하라는 뜻인데, 과연 자신이 원하는 것을 타인이 항상 원할 것이라고 단정 지을 수 있는가? 공자가 상정한 타자는 관념 속에서 정립된 타자이지만 장자가 상정한 타인은 삶과 현실에서 마주하는 타자이다. 자기본위, 자기중심적 사고체계에서 타인을 상정해놓고 타인을 대하게 되면 의도치 않은 나쁜 결과를 초래할 수도 있다.

장자는 자기 자신을 잊는 경지에 이르러야 나와 우주 만물 사이에 경계가 없는 천인합일(天人合一)의 경지에 도달할 수 있다고 하였다. 자아(自我)에 대한 집착을 내려놓는 경지를 좌망(坐忘), 천일합일(天人合一), 물아일체(物我一體), 무아(無我)의 경지 등으로 다양하게 표현할 수 있다. 장자는 무아(無我)의 경지에 이른 사람을 지인(至人), 천인(天人), 대인(大人)이라 칭했다. 지인(至人)은 즐거움도, 싫음도, 사랑도, 증오도, 쾌락도, 고통도 초월하여 생사와 시비의 이해득실 앞에 초연한 사람이다.

언어의 부정

우리는 언어를 통해 지식을 습득하고 그것을 다른 사람에게 전달한다. 언어라는 것은 학문적으로나 일상적으로나 우리 삶에 있어 없어서는 안 될 사상의 전달 수단이다.

하지만 장자는 언어의 한계를 분명하게 지적하고 있다.

도(道)라는 것은 형체가 없으므로 우리의 감각기관으로 인식할 수 없을 뿐 아니라 언어로 개념화하여 부르는 것도 불가능하다. 언어는 특정 대상을 가리키는 하나의 명칭이지만 그것이 가리키고자 하는 대상을 정확하게 반영할 수는 없으며, 심지어 왜곡시킬 수도 있다.

언어는 그 어떤 명칭으로도 그 사물이나 대상을 완전 그대로 나타낼 수 없다.

더구나 '도(道)'라는 것은 형체가 없기에 더욱더 언어로 표현하기가 어렵다. 도(道)는 들을 수도, 볼 수도, 말할 수도 없는 오묘한 것으로 이를 말하고 표현하기 시작하면 이는 이미 도(道)가 아니다. 도(道)는 규정하거나 설명할 수 없는 것으로 이것은 아니고, 저것은 아니라고 하는 배제식 화법을 써서 점진적으로 나타낼 수 있을 따름이다.

언어라는 것은 진리에 가까운 어느 지점까지 우리를 안내해줄 수 있지만 결코 정확한 목적지에 우리를 데려다줄 수는 없다. 이것이 언어의 한계다.

그래서 노자는 "아는 사람은 말하지 않는다. 말하는 사람은 사실 알지 못한다."라고 하였다.

장자 역시 도(道)란 말로 표현할 수 없는 것이며 이름을 붙일 수 없다고 하였다.

그 역시 도(道)를 진정 아는 사람은 그것에 대해 말하지 않는다고 하였다.

노자와 장자 그리고 우리가 그들의 사상을 설명하기 위해 사용하는 '도(道)'라는 단어도 사실은 그것을 조악하게나마 지칭하고자 사용하는 수단에 불과하다.

언어는 대상을 정확하게 전달하지는 못하지만 상을 밝히는 유용한 수단이다. 우리는 언어를 통해 어떤 대상에 대한 상을 이해하고 상을 살펴서 뜻을 알아야 한다. 우리는 뜻을 얻은 뒤 상을 드러내는 데 사용한 언어를 빨리 잊어야 한다. 이는 통발은 결국 물고기를 잡기 위한 것이므로 물고기를 잡으면 통발을 치워야 하는 것과 같은 이치다.

죽음을 초월하다

어느 날 장자의 아내가 죽었다는 소식을 들은 장자의 친구는 그의 집에 조문을 갔다.

하지만 죽은 아내 앞에서 슬퍼하기는커녕 바닥에 앉아 질그릇을 두드리며 흥겹게 노래나 부르고 있는 장자를 보며 큰 충격을 받게 된다.

장자의 친구가 말했다.

"아내가 죽었는데 슬퍼하기는커녕 흥겹게 노래나 부르고 있다니, 이거 너무한 것이 아닌가?"

이어 장자는 다음과 같이 말했다.

"나도 처음엔 슬퍼했다네. 하지만 원래 이 세상엔 아무도 없었지 않는가?
모호하고 제대로 보이지도 않는 이 세상에서 기(氣)가 생겨났고, 기(氣)가 생겨난 후에 형상이 생겼으며, 형상이 생기고 나서 풀과 나무, 돌과 같은 물체들이 생겨났다네. 그 후 사람이 생겨나고 나의 아내가 생겨났지. 아내가 죽은 것은 사실 다시 본래의 대자연으로 돌아가 잠을 자는 것이라네. 만약 내가 아내의 죽음을 슬퍼한다면 이러한 이치를 모르는 것이 아니겠는가?"

여기서 죽음에 대한 장자의 생각을 읽을 수 있다.
인간은 아득한 우주의 일부이며 그것의 대변화과정에서 잠시 생겨나고 멸(滅)하는 존재인 것이다. 인간이 이 우주와 맞닿아 있으므로 인간은 살다가 죽는 것이 아니라 다른 형태로 계속될 뿐이다. 모든 순간이 죽음이고, 모든 순간이 생명으로 이어진다. 모든 것이 순환이다. 그러므로 살아있음에 기뻐하지도, 죽음에 대해 슬퍼할 필요도 없는 것이다.

_알아두면 좋은 **장자의 명언**

● 저것은 이것에서 나왔으며, 이것 또한 저것에서 나왔다. 이것이 또한 저
  것이오. 저것 역시 이것이다.

● 천지와 나는 함께 생겨났으며, 만물과 나는 하나가 된다.

● 사람을 판단하는 데는 그 사람의 평판을 듣는 것보다는 그 사람을 만나
  보는 것이 더욱 확실한 것이다.

● 크게 어려운 일을 당해도 두려워하지 않는 것은 성인의 용기다.

● 세상 사람들은 유용한 것의 쓰임은 알면서도 무용한 것의 쓰임은 모른
  다.

한비자 韓非子

B.C. 280 ~ B.C. 233

"신상필벌(信賞必罰)의 원칙에 입각한 엄정한 법치만이
부국강병한 나라를 만들 수 있다."

학계에서는 누가 최초의 법가 사상가인지에 대해 의견이 다소 분분하지만 법가를 집대성하여 크게 발전시킨 사상가가 한비자라는 데는 이견이 없다.

한비자의 태생은 불확실하나, 한나라 패망 직전 재위한 한혜왕의 서자로 추측된다.

사마천은 노자한비열전(老子·韓非列傳)에서 한비자가 진시황의 천하 통일에 결정적 공헌을 한 승상 이사(李斯)와 함께 순자 밑에서 수학한 것으로 기록했다.

법가 사상의 집대성자

춘추전국시대 제자백가의 한 유파로 이상주의적인 유가 사상과 대립 과정에서 발전한 현실주의적 사상이 바로 법가 사상이다.

춘추전국 시대의 정치적 혼란, 사회적 혼란을 안정시키기 위해 유가는 인간의 선한 본성에 기반하여 인(仁)을 강조했지만 세상은 안정되기는커녕 계속 혼란스럽기만 할 뿐이었다.

인간의 본성에는 분명 선한 면도 있기는 하지만 기본적으로 인간은 자신의 욕망을 추구하는 존재이며 자신의 이익과 쾌락을 위해 다른 사람에게 해를 끼치고 악을 행할 수 있는 존재이기도 하기 때문이다.

완전한 덕(德)을 완성하여 성인의 경지에 도달할 수 있는 사람은 애초에 매우 극소수에 불과하다. 이는 어느 집단이든 자신의 이익을 가장 우선시하는 보통의 사람들이 항상 대다수를 차지함을 의미한다.

이러한 보통 사람들로 구성된 천하를 다스리기 위해서는 이상주의적인 사상보다는 인간의 이기심을 전제하는 현실주의적인 사상이 필요한 법이다. 현실주의 사상가로서 한비자는 서양의 니콜로 마키아벨리(Niccolo Machiavelli)에 비유되기도 한다.

"인간은 태어나면서부터 허영심이 강하고, 타인의 성공을 질투하기 쉬우며, 자신의 이익 추구에 무한정한 탐욕을 지녔다."

— 니콜로 마키아벨리

한비자는 순자의 제자로 그의 성악설과 뜻을 같이했지만, 예(禮)를 통해 정의를 이루어야 한다는 생각은 현실에서 실현 가능하지 않은 공론(空論)에 불과하다고 비판하면서 자신만의 철학을 세워 법가사상을 집대성하였다.

학계에서는 누가 최초의 법가사상가인지에 대해 의견이 다소 분분하지만 법가를 집대성하여 크게 발전시킨 사상가가 한비자라는 데는 이견이 없다.

72

사실 춘추전국시대 제자백가로 활약하며 한비자처럼 방대한 기록을 남긴 학자는 없을 것이다. 대부분의 제자백가서는 후대인들의 가필에 의해 수정 보완된 경우가 많음에도 한비자의 저서는 거의 대부분이 그에 의해 직접 쓰여진 것이라는 게 학계의 통념이다.(그만큼 논리적이고 짜임새 있게 구성됨)

---

* 니콜로 마키아벨리(Niccolo Machiavelli)

이탈리아 르네상스를 대표하는 정치 사상가이자 근대 정치학의 창시자.(1469~1527)

대표작 <군주론>에서는 도덕적인 관점에서 권력을 파악하는 것을 비판했다.

정치는 도덕과 분리된 별개의 영역이며 이탈리아는 강력한 군주를 중심으로 통일되어야 한다고 주장했다.

현실 속의 인간에서 희망을 찾다

관념 속의 인간이 아닌 우리가 흔히 길에서 마주하는 현실 속의 인간들은 어떠한 특성을 가지고 있을까?

다음의 이야기를 통해 인간의 기본 속성에 대해 알아보자.

위나라에는 형편이 풍족하진 않았지만 서로를 사랑하며 화목하게 지내는 한 부부가 있었다고 한다. 어느 날 이 부부는 하늘에 소원을 빌었는데, 아내는 비단 100필을 내려달라고 하늘에 빌었다. 그러자 남편은 왜 겨우 100필이냐고 아내를 호통을 쳤다고 한다. 비단이 많으면 많을수록 좋은 것 아니겠냐는 것이다. 그러나 아내가 말한다. 만약 그 이상의 비단이 내려진다면 당신이 첩을 두게 될 것이라고 말이다. 이는 남이 아닌 부부 관계에서도 서로의 이익이 충돌하고 자신의 이익을 우선적으로 추구하게 된다는 것으로 인간 본성에 대한 아주 중요한 교훈을 주는 이야기다.

물론 인간에게는 타인의 이익을 위한 순수한 마음도 있지 않느냐는 반론도 있을 수 있다. 하지만 남을 이롭게 하는 이타적인 행위가 사실은 자신의 이익을 극대화하려는 이기적인 마음에서 나오기도 한다는 점을 간과해서는 안 된다.

오자병법(吳子兵法)의 저자 오기(吳起)는 무려 76전 무패의 명장이자 전략가였다. 오기는 병사들을 자신의 아들처럼 돌보았는데, 어느 날 한 병사가 악성 종기로 고생하자 직접 병사의 종기를 빨아내어 치료해주었다고 한다.

하지만 그 병사의 어머니는 그 소식을 듣고 기뻐하기는커녕 울기 시작했고 주변 사람들은 그 모습을 이상하게 여겼다. 사실 그 병사의 어머니가 운 이유는 장군에게 은혜를 받은 자신의 아들이 그 은혜에 보답하기 위해 전장에서 앞서 싸우다 죽게 될 것임을 알고 있었기 때문이다.

오기는 유가 사상의 영향을 받아 장수와 병사가 아비와 아들처럼 서로를 아낀다면 천하에 두려울 것이 없다는 말을 남겼지만 이에 대한 한비자의 해석은 다르다. 오기의 행동은 이타적이기도 하지만 자신의 이익을 위한 행동이기도 하다는 것이다.

오기는 병사의 고름을 빨아줌으로써 충성심과 감사하는 마음을 병사로부터 얻을 수 있었다. 그리고 주변의 다른 병사들도 그 광경을 지켜보며 큰 감동을 받았을 것이다. 병사들은 더욱 오기에게 충성할 것이고 전쟁터에 나가면 오기는 자신이 바라던 효과를 기대할 수 있게 되는 것이다.

이처럼 현실 속의 인간은 자신의 이익을 위해 이타적인 행위를 할 수 있는 존재다.

한비자는 인간이 이기적인 존재라고 보았다. 하지만 한비자는 인간의 어두운 면에서 절망하기보다는 난세를 바로잡을 희망을 발견했다.

인간이 이기적이고 이해관계에 따라 움직인다면 그것을 반영한 제도를 구축함으로써 천하를 다스릴 수 있을 터.

그것이 바로 상과 벌로 이루어진 법치(法治)라는 것이다.

인간이 이기적인 존재이고 이익과 손해의 경중에 따라 행동하는 존재라면 무거운 처벌 앞에서 함부로 범법행위를 하지 않을 것이다.

물론 법을 적용하는 데 있어서는 매우 중요한 원칙이 있었는데 한비자는 다음과 같은 원칙을 제시했다.

첫째, 법은 엄격해야 한다.

법을 어겼을 때 기대할 수 있는 이익보다 감내해야 할 불이익이 훨

씬 더 클 경우 인간은 법을 함부로 어기지 않게 된다.

둘째, 법은 지위고하를 막론하고 공정하고 평등하게 적용되어야 한다.

지위가 높다고 해서 법을 어길 수 있고 처벌도 받지 않는다면 법의 권위가 훼손되고 말 것이다.

셋째, 법은 신뢰성이 있어야 한다.

왕이 법대로 집행하지 않고 그때그때 친분이나 자신의 기분 또는 기호에 따라 집행을 달리한다면 시스템의 근간이 무너지게 될 것이다. 사람들은 더 이상 법을 신뢰하지 않고 업신여기게 될 것이다.

---

* 오자병법(吳子兵法)

고대 중국의 병법서로 손자병법과 함께 병법서의 양대산맥으로 불린다. 전략과 같은 거대 담론을 논하는 손자병법과는 달리 구체적인 용병술과 그 방법론에 중점을 두고 있다. 원래는 48편이었다 하나 현재 전해지는 것은 6편뿐이다.

술(術)과 세(勢)

법(法)은 군주와 신하, 백성 모두가 지켜야 할 강력한 원칙이지만 한비자는 법적용만으로는 천하를 완벽하게 다스릴 수 없다고 생각했다. 그래서 제시한 개념이 바로 술(術)과 세(勢)이다. 먼저 술(術)은 군주가 신하를 다스리는 일종의 처세술이다. 한비자는 말했다.

"법(法)은 사람들에게 최대한 널리 알려 명확하게 알 수 있도록 펴뜨려야 하는 것이지만 술(術)은 최대한 사람들이 알지 못하게 숨겨야 하는 것이다."

군주는 자신의 사리사욕을 취하려는 신하들의 속마음과 음모를 꿰뚫어 볼 수 있어야 한다. 군주가 신하를 제대로 부리지 못하면 국정이 온전하게 운영될 수 없다.

법(法)과 술(術)은 국정을 운영하는 훌륭한 수단이지만 그 수단을 활용하기 위해서는 마땅히 군주에게 그럴 힘이 있어야 한다. 그 힘이 바로 세(勢)이다.

한비자는 군주의 세(勢)를 호랑이의 이빨에 비유했다. 야생의 동물들은 호랑이를 두려워하지만 이빨 빠진 호랑이는 두려워하지 않으며 능히 대적할 생각을 품게 된다. 법이 잘 지켜지기 위해서는 군주의 권위가 탄탄해야 한다.

한비자는 제도와 법이 잘 만들어지고 지켜지기만 하면 왕은 가만히 앉아서도 온 나라의 일을 돌볼 수 있을 것이라고 보았고 이는 무위(無爲)하지만(하고자 하지 않지만) 결국 행하지 못하는 바가 없다는 노자의 도(道) 사상을 실용화한 것이다.

잘 만들어진 제도(시스템) 하에서는 성인이 아닌 평범한 군주도 훌륭한 정치적 효과를 달성할 수 있게 된다. 성인은 수백 년에 한 번 나올까 말까 하니 평범한 사람들만으로도 잘 굴러갈 수 있는 제도를 구축하는 것이다.

노자의 무위자연(無爲自然)의 이치

술치(術治)는 정치 처세술, 세치(勢治)는 군주의 위세로 신하를 제압하는 계책, 법치(法治)는 군주와 신하, 백성 모두에게 적용되는 강력한 법에 따라 다르리는 통치술을 말한다.

노자의 도덕경을 끌어들여, 무위자연(無爲自然)의 이치를 법치(法治), 술치(術治), 세치(勢治) 위에 적용하여 독창적 사상체계를 완성하였다.

이는 한비자가 법가를 집대성한 법가의 거두로 평가받는 이유이기도 하다. 한비자의 사상은 21세기 경제 전쟁 속에서 기업 CEO의 리더십에도 적용될 수 있다.

순자, 노자 그리고 한비자

순자는 유가의 사상가이고 한비자는 법가의 사상가이다.

현실에 기반을 둔 법가 사상은 이상주의적인 유가 사상과 대척점에 서있다고 볼 수 있는데, 어찌하여 유가 사상가인 순자 아래에서 법가 사상가인 한비자가 나올 수 있었을까?

사실 순자는 유가의 이단아였다. 공자와 맹자는 인간 본성은 선하다고 보았고 그 선한 내면을 외부로 발현시켜 사회를 안정시키는 것에 관심을 두었다. 하지만 순자는 인간의 본성이 악하다고 보았고 어지러운 세상을 바로잡기 위해서는 성현의 예(禮)로써 인간 내면의 악한 기질이 세상에 나오지 못하도록 외부에서 억제시켜야 한다고 보았다. 그리고 그 예(禮)라는 것이 한비자가 말하는 법(法)으로 이어진다. 예(禮)와 달리 법(法)은 그것을 어겼을 때 불이익(처벌)이 뒤따르는 강력하고 직접적인 통제 수단이다.

그리고 한비자의 사상은 앞에서 다룬 도가 사상과 통하는 부분도 있다.

도가에서는 성인의 지혜는 쓸데가 없으며 무위(無爲)에 의해 모든 것이 자연스럽게 흘러가야 세상이 안정될 수 있다고 보았다. 무위의 통치술을 말하는 것이다.

군주가 세(勢)를 쥐고 있으면 가만히 앉아 있어도 신하들은 열심히 일을 하게 된다. 술(術)에 있어서 무위(無爲)는 군주가 직접 일하지 않음을 의미한다. 군주는 신하를 세워 상벌을 다룰 수 있는 것이며 법(法)에 있어서 무위는 군주가 직접 명령을 내리지 않아도 신하가 법을 적용시킴을 말한다. 법(法), 술(術), 세(勢)라는 시스템이 제대로 작동하기만 하면 위대한 성인내지 지자의 가르침이나 통솔력 없이 보통 사람들만으로도 나라가 이상적으로 운영될 수 있다. 이것이 바로 한비자가 도가에서 영향을 받아 제시한 무위의 통치술이다.

위험한 현자

한비자는 자신의 조국인 한나라에 깊은 애국심을 갖고 왕에게 충성했으나 끝내 왕의 신임을 얻지 못했다. 하지만 진나라의 왕 진시황은 한비자의 저서를 읽고 매우 감명을 받아 "내가 이 책의 저자를 만나 이야기할 수 있다면, 죽어도 여한이 없을 것이다."라고 하여 그를 높이 평가했다. 그때 순자 밑에서 한비자와 함께 동문수학한 이사(李斯)가 나서 한나라를 공격하여 한나라가 한비자를 진나라에 사자로 보내도록 압박할 것을 간언 한다.

진시황은 그를 직접 만났으며 그의 탁월한 견해에 깊이 심취하였다고 전해진다.

그러나 이사(李斯)는 한비자가 시황의 총애를 받는 것에 경계심과 질투심이 발동하여 동기인 한비자를 모함하기에 이른다. 한비자는 한나라의 충신이며, 뛰어난 그를 살려 보낸다면 훗날 진나라가 천하를 통일하는 데 반드시 걸림돌이 될 것이라고 참소(讒訴)한 것이다.

결국 진시황은 한비자를 감옥에 가두었고, 한비자는 이사(李斯)의 모략을 알아차렸지만 끝내 억울하게 독살을 당하고 만다.

현실정치를 꿰뚫어 보고 미래를 설계한 한비자도 결국은 권력 경쟁의 희생자가 되고 만 것이다. 역설적이게도 그의 탁월한 설득력이 그를 죽음으로 몰고 갔다.

사실 한비자 외에 다른 법가 사상가들의 말로도 좋지 않았다.

법가 전통을 세운 상앙(商鞅)은 사지가 찢겨 죽었으며, 초기 법가 선구자인 오기(吳起)는 개혁에 원한을 품었던 귀족들에 의해 수많은 화살을 맞고 죽었다. 한비자를 모함한 이사(李斯) 역시 훗날 조고(趙高)의 참소로 처형당하고 만다.

_알아두면 좋은 **한비자의 명언**

● 눈으로 본 것만으로 사물을 판단할 수 있다고 생각하지만 눈에 비치는 것은 적다. 그래서 견식이 넓고 바르지 못하다. 눈에 비치지 않는 것까지도 꿰뚫어 보는 밝음이 필요하다.

● 군주는 자신이 좋아하고 싫어하는 것을 밖으로 나타내어서는 안 된다. 아랫사람들이 여기에 영합을 하기 때문이다.

● 화는 자기의 욕심을 따르는 것보다 더 큰 것이 없다.
  악은 다른 사람의 허물을 말하는 것보다 더 큰 것이 없다.

- 호랑이는 그려도 그 속뼈는 그리기 어렵고, 사람의 얼굴은 알되 그 속마음은 알지 못한다.
- 아침이 되면 닭이 울고, 고양이가 쥐를 잡듯, 부하 한 사람 한 사람에게 그들의 능력을 발휘시키면, 조직의 상사는 사사로이 손을 쓸 필요가 없다. 리더가 리더십을 발휘하면 일은 원활하게 돌아간다.

석가 釋迦

B.C. 563 ~ B.C. 483

"인간이 겪는 모든 고통은 끝없는 욕망과 집착에서 비롯된다."

불교를 창시한 인도의 성자로 성은 고타마(Gautama：瞿曇) 이름은 싯다르타(Siddhrtha：悉達多)이다. 고(苦)의 본질을 탐구하고 중생을 구제하고자 수행에 들어갔으며, 후에 깨달음을 얻어 '붓다(buddha)'라 불리게 되었다. 그의 존칭은 아라한(阿羅漢), 불타(佛陀), 여래(如來), 세존(世尊), 석존(釋尊) 등을 비롯하여 십여 개에 이른다.

불교의 창시자

석가는 카필라(Kapila, 지금의 네팔)에서 성주 슈도다나와 마야 부인 사이에서 태어났다. 그의 부모는 인도의 명문 호족이었고 대대로 왕통을 계승하여 내려온 집안이다.

마야 부인은 해산을 위해 고향으로 가던 도중 석가를 잉태하였는데, 그를 잉태했을 때 콧등에 연꽃을 단 하얀 코끼리 꿈을 꾸었다고 한다.

아시타선인은 어린 석가의 관상을 보고 "그가 집에 머물러 왕위를 계승하면 전 세계를 평화적으로 다스리는 전륜성왕이 될 것이요, 그가 출가를 하면 반드시 부처가 되어 중생을 구제할 것이다."라고 예언했다고 전해진다.

선인으로부터 이러한 예언을 들은 그의 아버지는 싯다르타가 왕이 되는 것 외에 다른 마음을 품지 못하도록, 현실세계의 어려움과 완전히 단절된 호화롭고 부귀한 환경에서 교육을 받을 수 있도록 했다.

아버지의 배려 하에 안락하고 행복한 생활을 보내던 싯다르타는 어느 날 인생의 근본적 괴로움과 직면하게 된다. 이른바 사문출유(四門遊觀)다.

그가 수레를 타고 동쪽 문으로 나갔을 때, 자기 몸도 제대로 가누지 못하는 노인을 보았다.

남쪽 문으로 나갔을 때는, 고통에 신음하는 병든 자를 보았다.

서쪽 문으로 나갔을 때는, 죽어서 이미 썩어버린 시체를 보았다.

북쪽 문으로 나갔을 때는, 세상을 초월한 남루한 옷차림의 승려를 보았다.

그는 이 사건을 이후로 고(苦)의 본질을 탐구하고 해탈을 구하고자 자신이 지금껏 누리던 부와 권력을 내려놓고 가족들을 떠나기로 결심한다. 그에게는 아버지뿐만 아니라 사랑하는 아내와 아들, 그리고 친지들이 있었다. 그들과 평생 함께하고픈 열망도 있었지만 그는 고통으로 가득 찬 세상에 경악하여 열반에 이르는 길을 찾아 떠나기로 결심한 것이다.

이때가 그의 나이 29세였다.

그는 출가하기 이전에 철학, 예술, 건축, 역산, 음악, 의학, 논리 등을 배웠으므로 이미 종교적 수행 방법에 대한 나름대로의 지식을 갖추었을 것으로 보인다. 그는 출가 후 그 당시의 출가자의 풍습이었던 고행(苦行)에 전념하여 깨달음을 구하고자 했다. 고행은 육체적인 면을 극소화하여 정신적 독립을 추구하는 것인데, 그는 히말라야 산속에서 삼 씨와 보리쌀 한 알로 하루하루를 연명하면서 마치 해골처럼 될 때까지 고행에 전념했으나 심신만 쇠약해질 뿐 끝내 깨달음을 얻을 수는 없었다.

그는 별다른 결실 없이 6년간의 고행을 중단하고, 다시 보리수 아래서 깊은 사색에 잠겨 있다가 마침내 깨달음을 얻었다. 이때부터 그는 붓다(buddha)가 되었고 인간 세상의 모든 번뇌에서 벗어나게 되었다.

고행(苦行)하는 붓다
고행으로 피골이 상접한 붓다의 모습이
사실적으로 묘사되어 있다.

붓다는 깨달음을 얻은 이후 제자를 양성하고 설교를 하는 것으로 평생을 보냈다.

석가모니는 형이상학적인 문제보다는 고통의 바다에 빠져 허우적대는 중생들을 구제하는 문제에 더 집중했다.

삼법인(三法印)

불교의 근본 교리를 이루는 세 가지 진리를 가리켜 삼법인(三法印)이라고 한다.

이는 제행무상(諸行無常), 제법무아(諸法無我), 일체개고(一切皆苦)를 말하는데, 이를 좀 더 구체적으로 살펴보면 다음과 같다.

① 제행무상(諸行無常) : 모든 것은 변화하며 일정한 모양으로 머물러 있지 아니하다는 것.

그럼에도 중생들은 자신의 오감에 의해 지각되는 우주의 만물이 항상 일정 불변하다고 생각하기 때문에 그릇된 견해를 가지게 된다. 이 세상의 모든 것은 무상(無常)할 따름이다.

하지만 무상(無常)하다는 것을 그 자체로 허무하다거나 비관적인 것으로만 이해해서는 안 된다. 우리는 무상(無常)함을 깨달음으로써 현상에 미혹되지 않을 수 있기 때문이다.

모든 것은 무상한데 인간이 상(常)을 바라고, 사물에서 잠시 드러나는 현상을 유형화하고 고정시켜 집착하는 데서 고통이 초래된다.

② 제법무아(諸法無我) : '나'라고 하는 실체가 없다는 것이다.

우주의 모든 것은 인연에 따라 이뤄질 따름이다. 모든 주체는 다른 주체와의 관계 속에서만 존재할 뿐 근본적으로 '나'라고 할만한 것은 없다. 우주의 에너지와 물질이 인연에 따라 만나 인간이라는 주체로 나타나기도 하고 개나 고양이로 나타나기도 한다. 그리고 죽으면 다시 분해되어 우주로 돌아간다. 애초부터 '나'가 없는데 어찌 이 육신이 살았다고 할 수 있으며 떠나간 사람들을 죽었다고 말할 수 있다는 말인가? 사정이 이러함에도 어리석은 중생들이 자기 실체를 믿고 '자아(自我)'에 집착하기 때문에 스스로 고통을 자초하게 되는 것이다.

석가는 삼법인(三法印)에서 제법무아(諸法無我)를 말하고 있는데 이는 독립적 존재로서의 자아(自我)를 부정하는 것이다.

그러나 제법무아(諸法無我)의 개념에 따르면 '나'라는 주체가 없는데 그렇게 되면 윤리적 행위의 주체를 논할 수 없게 되는 문제가 생긴다. 하지만 석가가 말하는 무아(無我)는 '나'에 대한 집착을 물리치는 것에 있는 것이며, 여러 가지 요소들이 일시적으로 모여 발생한 주체인 '나'를 부정하는 것은 아니다. '자아(自我)'는 일시적 집합체에 붙여진 이름에 불과하지만 우리가 살아가는 동안은 분명 경험적 자아로서 존재한다. 석가는 도덕적 책임을 가진 주체로서의, 열반(涅槃)을 향해 나아가는 주체로서의 경험적 자아를 긍정한다.

③ 일체개고(一切皆苦) : 일체란 모든 것이 힘들다는 뜻이다.

중생이 앞서 설명한 무상함과 무아(無我)를 깨닫지 못하고 현실세계를 고정된 것으로 착각하고 그것에 집착하기 때문에 온갖 고통에 빠져있음을 말하는 것이다. 석가는 삶 자체가 고(苦)라고 했다. 그는 인간이 생로병사(生老病死)라는 4가지 고(苦)로부터 어떻게 하면 벗어날수 있을까에 대해 연구하기 위해 출가한 것이며, 6년간의 수행 끝에 해탈의 도를 깨달아 불교가 성립되었다.

제행무상(諸行無常)과 제법무아(諸法無我)의 이치를 깨닫고 나면 고통이 자연스럽게 없어지는데, 이러한 깨달음에 기반하여 열반(涅槃)의 경지에 이를 수 있다.

사성제(四聖諦)

붓다는 인생문제와 그 해결방법에 대해 4가지로 설명한다. 고제(苦諦)·집제(集諦)·멸제(滅諦)·도제(道諦)가 바로 그것이다.

① 고제(苦諦) : 모든 삶은 번뇌로 가득하다.

우리의 삶은 생(生)에서 시작하여 늙음(老)과 병듦(病)과 죽음(死)을 겪게 된다. 사랑하는 사람과 헤어지기도 하며 원한 있는 자와 만나기도 하며 원하는 것을 얻지 못하기도 한다. 이 모든 것이 고통이다. 인간이 겪는 모든 고통은 끝없는 욕망에서 비롯된다.

② 집제(集諦) : 모든 고통은 쓸데없는 욕망과 그에 대한 집착에서 비롯된다.

탐욕, 분노, 어리석음 중 가장 근본이 되는 것은 어리석음으로 어리석기 때문에 탐하고, 비교하고, 시샘하고 다투며 분노하게 된다.

③ 멸제(滅諦) : 고통을 초래하는 욕망을 없애야 한다.

앞서 말한 탐욕과 분노 그리고 어리석음을 제거한 상태로 열반(涅槃)이라고 한다.

④ 도제(道諦) : 욕망을 없애고 해탈의 경지에 이르는 8가지 방법이다.

바른 견해, 바른 사유, 바른말, 바른 행동, 바른 직업, 바르게 나아감, 바른 기억, 바른 자기 몰입이 있다.

연기설(緣起說)

연기(緣起)라는 것은 어떤 조건으로 말미암아 발생한다는 의미다.

불교에서는 모든 현상이 원인과 조건이 서로 협력하여 발생한다고 본다.

이는 단순하게 결과만을 논하는 인과율과는 다르다.

농작물이 잘 자라기 위해서는 종자의 상태가 우수해야 하지만 그것이 뿌리가 내리는 토양의 질도 좋아야 한다. 종자가 직접적 원인인 '인(因)'이라면 토양은 간접적인 원인인 '연(緣)'이라고 할 수 있다. '인(因)'이 가진 가능성이 '연(緣)'과 만나 협력했을 때 비로소 결과가 나타나는 것이다.

만약 불교가 모든 결과의 근원을 인(因)에서만 구했다면 결정론적 발전관이 되어버리고 말 것이다. 불교는 고통스러운 현실세계를 이상 세계인 극락정토로 바꾸는 것이 목표인데, 인(因)에 의해 모든 것이 결정된다는 결정론적 입장을 취해서는 이상을 실현할 수 없게 된다. 하지만 인(因)과 연(緣)이 협력하여 결과가 나타난다는 논리에 따르면 인(因)이 먼저 주어져 있어도 연(緣)에 따라 얼마든지 결과가 달라질 수 있기 때문에 불교는 결정론적 한계에서 벗어날 수 있게 되는 것이다.

연기설(緣起說)은 모든 현상은 인연에 의해서 그러한 모습으로 성립되어 있을 뿐, 모든 만물은 끊임없이 생(生)하고 멸(滅)하여 변화한다는 것으로 결국 홀로 독립하여 영원히 존재하는 것은 없다는 불교의 핵심이론이다. 우주 만물은 인(因)과 연(緣)에 의해 스스로 생성하고 소멸한다.

〈중아함경 中阿含經〉에는 연기(緣起)에 관한 유명한 구절이 있다.

此有故彼有(차유고피유)
이것이 있으므로 저것이 있고

此生故彼生(차생고피생)
이것이 생기므로 저것이 생겨난다.

此無故彼無(차무고피무)

이것이 없으므로 저것이 없으며

此滅故彼滅(차멸고피멸)

이것이 멸하므로 저것이 멸한다.

　　　　　– 〈중아함경 中阿含經〉

이는 앞서 설명한 삼법인(제행무상, 제법무아, 일체계고)와도 근본적으로 일치한다.

12연기설(十二緣起說)

붓다는 생사 인연의 고리를 세밀하게 고찰하여 그것을 12단계로 나누었는데 이를 12연기라고 한다.

12연기설은 붓다의 가르침 가운데서도 가장 핵심적인 교리이자, 불교를 이해하는 데 가장 기초적인 이론이다. 12가지 요소는 무명(無明), 행(行), 식(識), 명색(名色), 6입(六入), 촉(觸), 수(受), 애(愛), 취(取), 유(有), 생(生), 노사(老死)이며 이에 대한 뜻은 다음과 같다.

① 무명(無明) : '명(明)'이 없는 상태란 밝지 못한 상태로 진리를 모르는 어리석은 상태를 의미한다.
② 행(行) : 어리석은 상태인 무명(無明)으로 인하여 행(行)함으로써

업(業)이 지어지는 것이다.

③ 식(識) : 그동안의 행(行)으로 인해 축적된 것에 의해 분별하려는 의식이 발생하는 것

④ 명색(名色) : 분별하는 의식인 식(識)에 의하여 명색이 생기게 되는데, 이는 명(名:비물질적인 것)과 색(色:물질적인 것)이 결합된 상태다. 정신을 명(名)이라 하고 형체가 있는 물질이라 신체를 색(色)이라고 한다.

⑤ 6입(六入) : 눈, 코, 입, 귀, 신체, 의식의 외부 자극을 지각하는 6가지 감각기관을 가리키며 지각 능력을 의미한다.

⑥ 촉(觸) : 앞서 말한 감각기관이 외부의 소리, 빛, 냄새, 맛, 촉감 등의 자극과 접촉하는 상태다.

⑦ 수(受) : 감각기관이 외부의 대상과 접촉한 결과로 나타나는 기쁘거나 불쾌한 느낌의 상태를 의미한다.

⑧ 애(愛) : 인식에 의해 쾌락이나 고통에 따른 감수가 생기면 자신에게 불쾌함을 주는 사물이나 대상에 대해서 원망하고 피하려는 욕구가 생기고, 자신에게 쾌감을 주는 사물이나 대상에 대해서는 구하고자 하는 마음이 생기게 된다.

마음속에서 일어나는 심한 애증의 생각이 바로 애(愛)다.

⑨ 취(取) : 앞서 설명한 애(愛)가 마음속에서 일어난 (고통과 쾌락을 구분하는) 차별적 욕심이라면 취(取)는 실제 행동으로 나타나는 취하고 버림이다.

⑩ 유(有) : 욕망을 채우려는 애(愛)와 취(取)에 의해 인연에 따라 업(業)을 지어 과보(果報)를 초래하는 것을 의미한다.

⑪ 생(生) : 지은 업(業)에 의해 현실에서 어떤 경험이 생기거나 멀게는 미래의 생(生)을 받게 되는 것. 유(有)에 의하여 생(生)이 생긴다.

⑫ 12 노사(老死) : 생(生)을 하였기에 노사(老死)가 뒤따르게 된다. 태어나서 늙고 죽는 것으로 모든 중생의 고통을 대표한다.

모든 중생이 윤회(輪廻)에서 벗어나도록 돕는 것이 불교에서 추구하는 목표다.

윤회라는 것은 각자가 축적한 선업이나 악업에 따라 서로 다른 조건으로 태어나는 것을 말한다. 성현들의 말씀을 본받아 선업을 많이 쌓으면 즐거운 곳에서 인간으로 태어날 수 있지만 악업을 많이 쌓으면 지옥, 축생, 아귀로 태어날 수 있다.

하지만 아무리 선업을 쌓아 좋은 곳에서 인간으로 태어난다고 해도 윤회를 벗어날 수 없게 되는데, 이 영원한 윤회의 고리로부터 벗어나 생사를 초월하기 위해서는 깨달음을 통해 해탈하여 부처가 되는 수밖에 없다. 즉, 중생의 고통은 무명(無明)에서 출발하는 것으로, 무지가 없는 곳에서는 업력과 인상도 없으니 윤회의 속박에서 벗어날 수 있다.

해탈(解脫)이란 일반적 의미로 구속에서 벗어나는 것. 자유로움을 되찾는 것을 의미한다.

불교적 의미로는 고뇌의 세계, 윤회의 굴레에서 벗어나는 절대적 휴식과 자유의 경지이다.

연기를 바라보는 2가지 방식이 있는데, 순관(順觀)은 무명(無明)부터 노사(老死)의 방향으로 관찰하는 것으로 책에서 지금까지 서술한 내용이다. 역관(逆觀)은 노사(老死)에서부터 무명(無明)으로 역방향으로 관찰하는 것으로 추리적 사색에 해당하며 수행의 방향이다. 석가모니는 고통스러운 현실을 관찰하고 그 원인을 탐구하는 방향으로 나아갔다.

업보(業報)

업(業)이란 행위, 일, 활동을 의미한다.

업(業)을 발생시키는 것은 무명(無明)으로 인한 번뇌다. 그 번뇌 가운데 가장 근본적인 것으로는 탐욕, 성냄, 어리석음이 있다. 중생이 이 삼독심(三毒心)에 속박되어 있기 때문에 번뇌를 겪으며 해탈에 이르지 못하게 된다.

즉, 삼독심(三毒心)에 의해 업(業)을 짓게 되는 것이다.

그리고 그 축적된 업(業)으로 말미암아 생겨나는 것이 과보(果報)다.

업(業)을 행하면 그것은 그 자체로 사라지는 것이 아니라 반드시 흔적과 세력을 남기게 된다. 그것들이 축적되어 남겨진 세력을 업력(業力)이라고 하는데 이는 잠재적 에너지로 존재하다가 기회를 만나면 특정한 결과를 초래하게 된다.

모든 불교이론의 근본

석가는 생전에 스스로를 신(神)으로 지칭하지 않았다. 석가는 중생들의 괴로움을 해결하고자 괴로움의 근원과 해탈에 이르는 방법을 사색한 철학자다. 그러나 그의 추종자들이 그를 신격화하여 불교라는 철학은 종교적 색채가 짙어지게 되었다. 불교는 석가 이후 종교로 발전하였으며 그 과정에서 여러 갈래의 종파가 발생하였다. 석가의 교설을 중심으로 부연하여 매우 다양한 교리가 발생하게 된다.

여기서 유가, 도가와 차이점이 있다.

유가는 공자에 의해 창시되고 공자의 사상을 맹자가 정립한 그 이후로도 주자(朱子), 왕수인 등에 의해 철학 체계가 지속적으로 발전한 관계로, 유가 창시자의 교리만으로는 유가 철학 체계를 완전히 이해하는 것이 어렵게 된다. 도가는 노자, 장자로부터 시작했지만 그 철학 체계가 다소 관념적이어서 후대 학자들의 연구와 해설이 중요하다. 그러나 불교는 어디까지나 석가의 교리를 중심으로 여러 가지 교설들이 부연하여 많은 종파가 생긴 것으로 근본 교리인 석가의 교리를 이해하는 것이 매우 중요하게 된다. 석가의 교리는 수많은 불교 이론의 근본이 되므로 불교 이론을 전체적으로 이해하기 위해서는 석가의 교리를 먼저 이해해야 한다.

도학(道學)과 이학(理學)을 합친 이른바 송학(宋學)을 집대성한 송나라의 유학자다.(1130 ~ 1200) 이름은 희(熹), 자는 원회(元晦), 호는 회암(晦庵)이며 '주자(朱子)'는 높여 이르는 말이다. 그는 우주가 형이상학적인 '이(理)'와 형이하학적인 '기(氣)'로 구성되어 있다고 보았다. 인간에게는 선한 '이(理)'가 본성으로 나타난다고 하였다. 그러나 불순한 '기(氣)' 때문에 악하게 되며 '격물(格物)'로 이 불순함을 제거할 수 있다고 하였다.

주요 저서로는 〈사서집주 四書集註〉, 〈근사록 近思錄〉, 〈자치통감강목 資治通鑑綱目〉가 있다.

_알아두면 좋은 석가의 명언

- 성인은 부모가 자식을 사랑하는 것과 같이 사랑하고 가엾이 여기는 마음으로 중생을 보호하는 것이다.
- 탐욕을 떠난 자, 노여움을 떠난 자, 어리석음을 떠난 자, 번뇌의 더럽힘이 없는 자, 애착을 떠난 자, 집착이 없는 자, 이와 같은 사람은 진리의 땅에 산다.
- 모든 중생이 병들었으므로 나 역시 병들었으며, 모든 중생이 병이 없어진다면 내 병도 사라질 것이다. 왜냐하면 보살은 중생을 위하여 생사에 들기 때문이다.
- 천 개의 글을 외운 들 뜻을 모르면 무슨 이익이 있으리. 경(經)을 많이 외

운다 하여도 뜻을 모르면 무슨 소용이 있으리. 한 뜻이라도 듣고 행함만 하지 못하다. 한 글귀를 알더라도 행하면 도를 얻는다.

● 조그마한 죄를 짓고도 지옥에 떨어지는 중생이 있고 큰 죄를 짓더라도 지옥에 떨어지지 않는 사람이 있다. 후자는 현세의 잘못을 깨닫고 현세에서 죄 갚음을 하는 사람이고, 전자는 자기의 죄를 깨닫지 못하고 자신의 몸과 마음을 닦지 않은 사람이다.

제2부

한국의 철학자들

원효 元曉

617 ~ 686

"현상계의 모든 대상과 질서는 일심(一心)의 견지에서 포괄된다."

신라시대의 고승으로 성은 설(薛) 씨이며, 원효(元曉)는 그의 법명이다. 648년(진덕왕) 황룡사에서 스님이 되어 수도에 정진하였으며 평생 불교의 사상을 융합하고 대중화하는 데 힘써 한국 불교 발전에 큰 기여를 하였다. 그의 대표적 저서로는 〈대승기신론소 大乘起信論疏〉, 〈금강삼매경론 金剛三昧經論〉, 〈십문화쟁론 十門和諍論〉이 있다.

해골물에서 깨달음을 얻다

원효대사에 대해서라면 의상대사와 함께 불교 공부를 하기 위해 당나라로 유학을 떠나던 중 해골바가지에 괸 물을 마시고 큰 깨달음을 얻어 신라로 다시 되돌아왔다는 이야기가 유명하다.

그가 얻은 깨달음은 무엇일까?

그는 유학을 떠나던 중 휴식을 위해 동굴로 들어가 잠을 청하였다. 잠을 자던 도중 목이 너무 말랐던 그는 주변을 손으로 다듬다가 표주박을 발견하였는데, 그 안에 괸 물을 달게 마시고는 다시 잠에 들었다고 한다. 다음날 일어나서야 여기가 동굴 속이 아닌 무덤 속임을 알았으며, 어제 마신 물은 표주박 속의 물이 아니라 해골바가지 속의 썩은 물임을 알게 되었다. 그는 오늘 알아차린 해골바가지 속의 썩은 물도 어제 잠결에 목이 마를 때는 꿀물처럼 느껴졌던 경험을 통해 세상의 모든 것이 외부에 있는 그 무엇이 아닌 마음먹기에 달려있다는 진리를 깨달았다. 사람이 마음을 먹기에 따라 외부의 세상은 달라 보이는 법. 어제와 오늘 사이에 달라진 것은 오직 나의 마음뿐이다.

불교에서는 우리의 눈, 코, 입, 귀, 피부 등 오감을 통해 보이는 세상은 잠시 머물러 있는 것에 불과하다고 하여 시간이 지나면 항상 변하게 된다고 한다.

즉 이 세상 모든 만물 중 절대 불변하는 일정한 모습을 가진 것은 하나도 없는 것이다.

이러한 불교의 관점에서 보면 우리 눈앞의 모든 대상은 우리의 마음과 관계하여 생기는 것들에 불과하다. 이 세상의 진리는 결코 외부에 있는 것이 아니라 내 안에 있는 것이므로 원효는 함께 당나라로 떠났던 의상과 헤어져 다시 신라로 되돌아오고 말았다.

불교의 대중화

신라로 다시 돌아온 원효는 자신의 깨달음을 세상에 널리 알리기 위해 방대한 저술을 남겼고 여기에서 대승불교의 길이 열린다.

102

누군가 혼자만 깨달음을 얻어 부처가 된다면 과연 세상의 모든 문제가 해결될 수 있을까?

원효는 신라가 삼국 중 지배권을 가지고 통일의 과업을 달성해가던 시기의 인물이다.

그 당시 불교는 귀족들만의 종교였고, 왕과 귀족을 제외한 일반 백성들은 결코 불교에 접근할 수 없었으며 부처가 될 수도 없었다. 원효는 혼자 또는 소수만이 진리를 깨달아 부처가 되는 일은 무의미하다고 보았다.

나 자신뿐 아니라 중생 모두가 부처에 이르러 구제를 받아야 한다고 생각했다.

그래서 그는 왕실과 귀족층에만 받아들여졌던 그 당시의 불교를 일반 백성에게 전파했으며 누구나 부처가 될 수 있다는 이론을 만들어 설파했다.

원효가 높게 평가받는 부분은 스스로를 낮춰 직접 대중들 속에 들어가 불교를 전파했다는 점이다. 원효는 그의 위상에 어울리지 않게 기괴한 행동들을 일삼곤 했는데, 거리에서 광대들이 가지고 노는 바가지를 두드리며 춤을 추고 백성들에게 불교를 전했으며, 거지와 어울려 잠을 자는가 하면, 가끔은 술집이나 기생집에도 드나들며 여러 사람들과 어울렸다.

그를 한 마디로 요약하자면 '자유로운 영혼을 가진 천재'라고 할 수 있다.

사람들은 그의 기괴한 행동에 손가락질을 하기도 하고 비난을 퍼붓기도 했지만 오히려 자신을 내려놓고 백성들 속으로 걸어 들어갔기 때문에 불교를 만백성들에게 전파하는 데 성공할 수 있었던 것이다.

그의 노력으로 저잣거리의 아이들도 모두 부처의 이름을 알게 되었으며, 배움이 짧고 평생 글을 가까이하지 않은 사람들조차 '나무아미타불(南無阿彌陀佛)'을 외치게 되었다.

원효는 난해한 불교 이론이 백성들에게 깨달음과 공감을 주기에는 한계점이 많다는 사실을 알고 있었던 것이다. 그래서 그는 백성들에게 '나무아미타불(南無阿彌陀佛)'만 열심히 외우면 극락에 간다는 믿음을 주었고, 이는 일반 백성들이 불교에 관심을 가지게 만들어 불교에 정진하게 만드는 결과를 낳았다.

즉, 나무아미타불(南無阿彌陀佛)을 외우는 것은 깨달음의 화두이며, 불교를 공부하게 만드는 하나의 계기가 되는 것이다.

---

* 나무아미타불(南無阿彌陀佛)

나무아미타불에서 나무는 귀의 또는 귀명 한다는 뜻으로 부처님께 귀의하려는 신앙의 출발이라 할 수 있다. 아미타불은 서방정토에 계시는 부처님을 가리킨다. 결국 나무아미타불은 서방정토에 살고 있는 무량수불 또는 무량광불인 아미타불에 귀의하여 원하는 바를 이루거나 왕생을 구하고자 외우는 염불의 글귀다.

불교의 통합

원효가 살던 시기는 신라가 통일전쟁으로 백성들이 많이 지쳐있던 상황이었고 삼국을 안정적으로 통합하기 위해서는 여러 종파로 갈라진 불교를 화합시킬 사상이 필요했다.

당시의 불교계는 모든 것은 본성적 실체가 없다는 중관론(中觀論)과 마음의 본체인 식(識)을 떠나서는 어떠한 실재(實在)도 없다는 유식론(唯識論)이 대립하여 혼란스러웠는데 그는 일심(一心)과 화쟁(和諍)이라는 개념을 제시하여 당시의 혼란을 극복하고자 했다.

중관론(中觀論)과 유식론(唯識論)

① 중관론(中觀論) : 현상의 비본래성에 집중하여 그것을 밝히고 부정함으로써 해탈에 이르고자 했으나 지나친 부정으로 인해 마침내 허무주의적 경향을 띠는 단계에 이르렀다. 모든 존재의 실체는 공(空)이기 때문에 의식의 본체인 '나'역시 부정된다.

② 유식론(唯識論) : 생멸변화하는 현실에서 번뇌망상을 타파하면 진여자성(眞如自性)이 드러나게 된다는 것인데 모든 교리를 잘 분별하고 정립했지만 지나친 긍정으로 유(有)에 집착하는 단계에 이르렀다.

원효는 모든 것은 본성적 실체가 없다는 중관론(中觀論)과 마음의 본체인 식(識)을 떠나서는 어떠한 실재(實在)도 없다는 유식론(唯識論)의 대립을 극복하고자 했다. 그는 무(無)와 유(有) 한쪽에 치우친 이원적 대립구도를 지양하고 이 두 입장이 일심(一心)에서 화쟁(和諍)이 가능함을 역설했다.

화쟁(和諍)이란 화해와 회통의 논리를 이르는 말로, 그의 저서 〈대승기신론소 大乘起信論疏〉에 언급된 내용처럼 거친 바람 때문에 고요한 바다에 파도가 일어나더라도 결국, 파도와 바다는 둘이 아닌 것과 같다는 것이다. 현상계의 모든 대상과 질서는 이 일심(一心)의 견지에서 포괄될 수 있다.

일심(一心)은 모든 상대적 차별을 초월하여 존재하는 것으로 모든 것의 근거이며, 무차별적인 것이다. 현실의 모든 모습은 다양하고 모순적으로 전개된다고 해도 서로 상충함이 없이 존재한다. 진여(眞如)와 생멸(生滅)의 가장 밑바닥에는 일심(一心)이 있다. 일심에서 보면 진여(眞如)와 생멸(生滅)도 다르지 않다. 마음의 근원을 회복한다는 것은 일체의 차별을 없애고 만물이 평등하다는 것을 깨우침으로써 만물을 차별 없이 사랑하는 마음을 얻는 것이다. 이 마음을 얻는 중생은 반드시 큰 깨달음을 얻는다.

이러한 맥락에서 일심론(一心論)은 다양한 불교 이론의 다툼에 화쟁(和諍)의 근거를 제시했다.

언어는 진리를 전달하는 수단이지만 언어만으로 표현되지 않는 부분이 분명 존재한다.

그럼에도 여러 불교 이론들이 자기 이론에만 집착하기 때문에 논쟁이 끊이지 않는 것이다.

마음의 근원을 향하면 대립은 극복될 수 있다.

---

* 진여자성(眞如自性)

마음의 본래 성품(본성)을 말하며, 마음은 인간의 마음만을 말하는 것이 아니라 우주를 창조한 그 무엇, 즉 진리를 뜻하는 말이다.

해탈에 이르면 자비의 마음이 생긴다

인간에게는 해탈의 마음인 심진여문(心眞如門)과 번뇌의 마음인 심생멸문(心生滅門)의 두 마음이 있다.

연못에 비유하자면 잔잔한 연못은 거센 바람에 의해 요동치는 연못이 된다. 하지만 잔잔한 연못이 곧 사라지는 것은 아니다. 요동치는 연못은 잔잔한 연못에 의거한 것이기 때문이다.

우리의 마음도 번뇌를 제거하면 잔잔한 연못처럼 될 수 있다.

바로 해탈(解脫)의 경지에 이르는 것이다. 우리는 해탈에 이름으로써 연못을 요동치게 했던 내적 요인을 제거할 수 있다. 하지만 우리의 마음이 진여문(眞如門)에 도달했다고 해서 번뇌의 마음인 생멸문(生滅門)이 바로 사라지는 것은 아니다. 연못은 더 이상 내적 요인에 의해 요동치지는 않지만 연못 외부에는 다양한 사람들이 존재하며 이들이 잔잔한 연못을 동요하게 만들기 때문이다.

해탈한 사람일지라도 다른 사람의 슬픔을 마주하면 슬픈 감정이 생기게 되고 기쁨을 마주하면 기쁨을 느끼게 된다. 스스로 잔잔한 연못도 외부의 바람에 의해 언제든 요동칠 수 있다. 자신의 번뇌 때문에 연못이 요동치는 것이 아니라 타인의 고통 때문에 요동치는 것이다. 연못을 요동치게 만드는 내적 요인을 제거하게 되면 외부에 존재하는 타인의 고통에 대해 매우 민감한 상태에 이르게 된다. 그래서 한 인간이 번뇌를 제거하여 진여문(眞如門)에 이르면 다시 번뇌의 마음인 생멸문(生滅門)에 이를 수밖에 없다.

하지만 부처가 된 이후의 생멸문은 번뇌의 마음이 아니라 자비의 마음이다. 해탈에 이른 사람은 집착과 번뇌로 고통당하는 중생들을 측은하게 대하며 그들이 자신처럼 잔잔한 마음을 가질 수 있도록 도울 수 있다. 결국 자신의 번뇌를 제거하는 것은 이타의 길로 나아가는 하나의 초식이 되는 것이다. 여기에서 대승불교의 길이 열리게 된다.

열반에 이르면 열반에 머물 수 없는 아이러니. 이것이 의상이 깨닫지 못했던 대승불교의 진리다.

---

* 심진여문(心眞如門)

중생이 본디 갖추고 있는, 분별과 대립이 소멸된 청정한 성품의 방면.

* 심생멸문(心生滅門)

중생이 본디 갖추고 있는 청정한 성품이 무명(無明)에 의해 분별과 대립을 일으키는

방면.

원효와 의상

원효가 자유분방한 천재 스타일이라면 의상은 모범생 수재 스타일
이라고 할 수 있다.

원효는 대중 속에 들어가 자유분방하게 불교를 전파했으며 다방면
으로 방대한 저서를 남겼다.

반면 의상은 계율을 철저하게 지켰으며 다방면에 관심을 갖기보다
는 화엄학에 깊이 심취하여 〈화엄일승법계도 華嚴一乘法系圖〉라는 저
서를 남겼다.

원효는 6두품(六頭品) 출신이며 의상은 진골(眞骨) 출신이었다. 신
분의 차이는 있었지만 원효는 의상보다 8살이 더 많았으며 서로 존경
하며 형제처럼 지냈다고 전해진다.

원효는 당나라 유학길을 접고 돌아온 것에 비해 의상은 당나라에서
화엄종 2대 조인 지엄(智儼)의 문하에서 공부했다. 훗날 신라에 돌아
와 화엄종의 시조가 되었다.

* 6두품(六頭品)

신라 골품제도에서 왕족인 성골과 진골 다음의 신분이다.

신라의 골품제는 왕족인 골족층과 두품층으로 구성되는데 6두품은 두품층 중에서도 가장 높은 등급이었다. 법적으로는 17 관등 중 제6관등인 아찬(阿飡)까지만 오를 수 있었고 모든 생활면에서 진골보다 많은 제약을 받았다.

* 진골(眞骨)

진골은 성골과 함께 왕족에 속하지만 양친의 혈통이 그 어느 한쪽 또는 그 어느 일대라도 왕족이 아닌 혈통이 섞일 경우 진골이 된다. 그래서 성골보다는 하위 계급이다.

_알아두면 좋은 **원효의 명언**

- 일심(一心)은 통틀어 일체의 더럽히거나 깨끗한 모든 법의 의지하는 바 되기 때문에 우주만물의 근본인 것이다.
- 지혜로운 이가 하는 일은 쌀로 밥을 짓는 것과 같고
  어리석은 자가 하는 일은 모래로 밥을 짓는 것과 같다.
  수레의 두 바퀴처럼 행동과 지혜가 갖추어지면
  새의 두 날개처럼 나에게 이롭고 남도 돕게 된다.
- 부처가 세상에 있었을 때에는 부처의 원음에 힘입어
  중생들이 한결같이 이해했으나
  쓸데없는 이론들이 구름 일어나듯 하여

혹은 말하기를 '나는 옳고 남은 그르다'하며
혹은 '나는 그러하나 남들은 그렇지 않다'라고 주장하여
드디어 하천과 강을 이룬다.
유(有)를 싫어하고 공(空)을 좋아함은
나무를 버리고 큰 숲에 다다름과 같다.
비유컨대 청(靑)과 람(藍)이 같은 바탕이고
 얼음과 물이 같은 원천이고
 거울이 만 가지 형태를 다 용납함과 같다.

지눌 知訥
1158 ~ 1210

"단번에 진리를 깨친 뒤 번뇌와 습기를 차차 제거해나간다."

교종(敎宗)과 선종(禪宗)을 통합하는 데 큰 기여를 한 인물이다.

고려시대 승려로 지눌은 돈오점수(頓悟漸修)와 정혜쌍수(定慧雙修)라는 개념을 내세워 선종을 중심으로 교종을 통합하였으며 오늘날 한국 불교의 주류인 조계종의 사상적 기초를 마련한 인물로 평가받고 있다.

그의 저서로는 〈진심직설 眞心直說〉, 〈수심결 修心訣〉, 〈정혜결사문 定慧結社文〉 등이 있다.

조계종의 창시자

지눌이 활동하던 고려 시대의 불교의 가르침은 크게 두 갈래로 나눌 수 있는데, 하나는 교종(敎宗)이고 다른 하나는 선종(禪宗)이다.

부처님의 가르침을 문자로 기록하여 남긴 것이 바로 불경인데, 이 불경의 문자에 근거해서 가르침을 전하는 종파들을 교종(敎宗)이라고 한다. 사실 불교는 본래 교종(敎宗)과 선종(禪宗)이라는 구분이 없었다. 교종(敎宗)밖에 없었다는 말이다. 선종(禪宗)이 생겨나고부터 그것과 구분하는 과정에서 교종(敎宗)이라 부르게 되었을 뿐이다. 삼국시대의 불교 역시 모두 교종(敎宗)이었다. 부처님의 가르침을 글로 옮기고, 이를 경전으로 삼아 공부하고 수행하는 것이 불교의 전부였던 것이다.

하지만 선종(禪宗)은 부처님의 진리는 문자가 아닌 마음으로 전달된다는 점을 강조한다.

이에 대한 일화가 있다.

석가가 인도의 영산회에서 제자들을 모아놓고 연꽃을 보이며 미소를 지었는데, 모두들 그 뜻을 이해하지 못하고 어리둥절하고 있었다고 한다. 오직 마하가섭이라는 제자만이 그 뜻을 깨닫고 미소를 지었는데, 석가가 가섭의 미소를 보고 "내 마음속의 정법과 원리가 가섭에게 전달되었다."라고 하였다고 전해진다. 여기서 '염화미소(拈華微笑)'라는 말이 유래하게 되었다.

진리는 언어라는 수단에만 의존하여 전해지는 것이 아니라 직접 마음에서 마음으로 전해질 수 있다는 것이다.

이러한 선종(禪宗)을 중국에 가져온 사람은 인도 출신 달마대사다.

그리고 중국에서 시작된 이 선종(禪宗)이 한국에 들어와 교종(敎宗)과 함께 본격적으로 대립하게 된 것은 고려 시대 때다.

통일신라 말 교종(敎宗)을 지지한 세력이 왕족이나 귀족들임에 반해 선종(禪宗)을 지지한 세력은 점차 힘을 얻고 있는 지방의 호족들이었다. 선종(禪宗)은 고려 중엽에 이르러 교종(敎宗)과 어깨를 나란히 할 정도로 성장하게 되는데, 이때의 분쟁이 가장 극심했다고 한다.

교종(敎宗)은 선종(禪宗)에 대해 무식하며 계를 지키지 않는다고 비판하였고, 선종(禪宗)은 교종(敎宗)에 대해 글자에만 집착하여 참된 진리를 보지 못한다고 비판했다. 교종(敎宗)은 중앙 지배층의 지지를 받은 반면, 선종(禪宗)은 지방 호족이나 일반 백성들의 지지를 받았다.

이처럼 교종(敎宗)과 선종(禪宗)은 그것을 지지하는 계층 간의 정치적 이해관계가 달랐을 뿐만 아니라 교리 상 견해까지 달랐기 때문에 갈등이 점차 심화될 수밖에 없었지만 이 교종(敎宗)과 선종(禪宗)을 통합하여 조계종을 창시한 이가 바로 지눌이다.

---

* 염화미소(拈華微笑)

'꽃을 집어 들고 웃음을 띠다'란 뜻으로, 말로 하지 않고 마음에서 마음으로 전하는 일을 이르는 말. 불교에서 이심전심(以心傳心)의 뜻으로 쓰인다.

정혜쌍수(定慧雙修) : 선종을 중심으로 교종을 통합하다

고려 중기 문신에 비해 항상 차별받고 멸시당했던 무인들이 난을 일으켜 정권을 잡는 무신정변이 일어나게 되었다. 무신들은 대부분 교종(敎宗)이 아닌 선종(禪宗)을 지지했는데, 여기서부터 불교가 타락하기 시작했다. 선종(禪宗)에서는 글을 모르는 사람도 누구나 깨달음만 얻으면 부처가 될 수 있다고 하는데, 이 논리를 악용하여 스스로 부처임을 자처하면서 악행을 일삼고 정치적으로 권력자들과 결탁하여 부당한 영향력을 행사하는 자들이 등장하기 시작했다.

선종(禪宗)의 이론에 따르면 불교 경전의 글을 이해하지 못하더라도 자신이 깨달음을 얻었다고 주장하면 그만일 뿐 그것을 증명할 방법도 필요도 없는 것이다.

지눌은 자신이 깨달음을 얻었다는 구실로 함부로 행동하는 사람들이 늘어가고 불교가 점차 타락하는 방향으로 나아가자 정혜쌍수(定慧雙修)라는 개념을 제시하기에 이른다.

'정혜쌍수(定慧雙修)'에서 '정(定)'은 선종(禪宗)의 수행방법을, '혜(慧)'는 교종(敎宗)의 지식과 지혜를 의미한다. 다시 말해 깨달음을 얻었다고 해서 모든 것이 끝난 것이 아니라 지속적으로 부처님의 말씀을 보며 마음을 갉고 닦아 수행을 해야 한다는 것이다.

선종(禪宗)의 수행방법이 문자에 집착하지 않고 진리를 직시하게 해준다면 교종(敎宗)의 수행방법은 수행의 방향이 잘못된 곳으로 빠지지 않도록 잡아주는 역할을 해주는 것이다.

이렇게 지눌은 선종(禪宗)을 중심으로 교종(敎宗)을 통합하였고 이것이 오늘날 한국 불교의 전신이 되었다.

돈오점수(頓悟漸修) : 깨달음을 얻었다고 끝난 것이 아니다

지눌은 정혜쌍수(定慧雙修)라는 개념을 제시한 것에 그치지 않고 돈오점수(頓悟漸修)라는 개념까지 제시한다. 돈오점수(頓悟漸修)란 단번에 깨달음을 얻은 뒤에도 지속적으로 번뇌와 습기를 차차 제거해야 하는 점진적인 수행의 단계가 요구됨을 이르는 말이다.

종밀의 5가지 돈점설

① 점수돈오(漸修頓悟) : 단계를 밟아 차례대로 닦아 깨달음에 이른다.
② 돈수점오(頓修漸悟) : 닦기는 일시에 닦지만 공행이 익은 뒤에 차차 깨달음에 이른다.
③ 점수점오(漸修漸悟) : 차츰 닦아가면서 차츰 깨달음에 이른다.
④ 돈오점수(頓悟漸修) : 단번에 진리를 깨친 뒤 번뇌와 습기를 차차 제거해나간다.
⑤ 돈오돈수(頓悟頓修) : 일시에 깨치고 더 닦을 것이 없이 공행을 다 이룬다.

위의 5가지 설 가운데 지눌은 돈오점수설(頓悟漸修)을 우리나라 선종에 도입하여 정착시켰다.

지눌은 '마음은 본래 맑아 번뇌가 없고 부처와도 같으므로 돈오(頓悟)라 한다'라고 하였다.

그러나 자기 마음에 부처와 다름이 없음을 깨달은 후에도 지금까지 축적된 습기를 한 번에 제거한다는 것은 어려운 일이므로 습기를 제거하는 수행을 해야 하며, 점차로 훈화해야 하기에 '점수(漸修)'라고 하였다.

이는 얼음이 물인 것을 알고 난 후라도 열기를 얻어 얼음을 녹여야 비로소 물이 되는 것과 같은 이치다. 얼음과 물이 다르지 않음을 깨닫는 것이 돈오(頓悟)라면, 실제로 열기를 얻어 얼음을 녹이는 수행과정이 점수(漸修)다.

_알아두면 좋은 **지눌의 명언**

● 피로한 눈으로 허공을 보면
  허공의 별꽃이 어지럽고,
  어지러운 마음으로 꿈에 들면
  꿈자리가 뒤숭숭함을 괴이타 말고,
  마음을 먼저 깨끗이 하라.
● 생사는 본래 없는 것이거늘
  사람들은 망령되이 있다고 헤아린다.
● 땅에서 넘어진 자, 땅을 딛고 일어서라
  땅을 떠나서 일어나려고 하는 것은 옳지 못하다.

이황 李滉
1501 ~ 1570

"이(理)는 귀하고 기(氣)는 천하다."

조선 중기의 학자, 문신이다.

관직에 나아가 정치에 힘쓰기보다는 학문을 연구하는 것에 더 정진했다.

이언적의 주리설(主理說)을 계승했으며, '이(理)'에 능동성을 부여하여 주자의 이기이원론(理氣二元論)을 독자적으로 발전시켰다. 특히 기대승과의 4단 7정 논쟁은 조선 성리학의 수준을 한 차원 높였다는 평가를 받는다. 학문을 닦는 것에 정진하여 도산 서원을 설립하였으며, 그의 학풍은 유성룡, 김성일, 정구 등에게 계승되어 영남학파를 이루었다.

정치적 혼란기 속에서 인간의 도덕성을 탐구하다

이황은 어린 시절부터 학문에 대한 열정이 매우 대단했다고 전해진다. 6세 때 천자문을 익혔으며 12세에 논어를 공부하면서 본격적인 학문의 길로 들어섰다. 하지만 공부에 대한 열정 때문에 몸을 망가뜨려 건강이 매우 쇠약해질 지경이었다고 한다.

이황이 활동했던 16세기의 조선은 정치적 사회적 혼란기였다.

조선왕조는 건국 초기부터 성리학을 국가의 중심학문으로 삼았지만 그것을 실질적으로 소화하기까지 상당한 혼란기를 겪었다. 특히 정치적으로 훈구파와 사림파의 대립이 극심했다.

훈구파는 조선 건국에 참여하거나 중종반정에 가담하여 실질적인 권력을 휘두르던 기득권 세력이었던 반면 사림파는 조선 건국에 참여하지 않은 선비들로 이들은 과거라는 시험제도를 통해 정계로 진출하였다.

사림파는 개혁을 주장했지만 이미 부와 권력을 손에 쥐고 있던 훈구파는 사림파의 개혁적이고 급진적인 주장에 위협을 느낄 수밖에 없었다. 그래서 훈구파는 사림파를 견제했는데, 훈구파가 사림파를 몰아내기 위해 일으킨 사건을 사화(士禍)라고 한다.

무오사화, 갑자사화, 기묘사화, 을사사화가 일어났는데, 특히 을사사화 때는 이황이 관직에서 물러나고 이황의 형이 유배를 당해 죽는 사건이 일어난다. 이는 이황이 정치에 적극적으로 관여하기보다는 관직에서 물러나 학문에 정진하게 되는 계기가 되었다고도 볼 수 있다.

동시에 이황은 이러한 정치적 혼란 속에서 어떻게 하면 인간이 순수하고 도덕적으로 될 수 있는지에 대해 탐구하게 되었다.

이(理)는 귀하고 기(氣)는 천하다.

성리학은 이 세계의 모든 만물은 '이(理)'와 '기(氣)'로 구성되어 있다고 보며 우주의 만물을 '이(理)'와 '기(氣)'로 설명한다. 이를 이기론(理氣論)이라고 한다.

'이(理)'는 어떤 것이 그것으로 존재할 수 있는 법칙, 원리, 본질을 의미하는 개념이며, '기(氣)'는 어떤 것의 이치가 실현될 수 있는 물질, 현상, 힘, 에너지, 욕망 등을 의미하는 개념이다. 그리고 '이(理)'와 '기(氣)' 중 무엇을 더 근원적인 요소로 보느냐에 따라 사상적으로 주기론(主氣論)과 주리론(主理論)이라는 두 갈래 길이 나타난다. 주기론(主氣論)은 만물에서 기(氣)가 근원적 요소이며 이(理)는 기(氣)의 변화생성의 과정일 뿐이라고 생각한다. 주리론(主理論)은 이(理)가 근본적 요소로서 기(氣)는 단지 이(理)에 의해 변화 생성되는 재료에 불과하다 생각한다.

이황의 이기호발설(理氣互發說)은 이(理)와 기(氣)의 차이를 토대로 이(理)를 기(氣)보다 더 중시하는 주리론(主理論)적 입장이다.

이황은 인간 존재의 본질을 순수한 것으로 여기고 도덕적 각성과 삶의 경건성을 강조한다.

그는 인간의 마음은 본래 순수하나(4단), 7정이 있기 때문에 불완전하며 악한 마음이 생기게 된다고 보았다. 4단은 인간이 선천적으로 지닌 착하고 순한 윤리적 마음이며, 7정은 선악이 섞여있는 불완전한 것으로 인간이 느낄 수 있는 모든 자연적 감정이다.

4단은 선한 마음의 단서로 '불쌍히 여기는 마음(惻隱之心)' '부끄러워하는 마음(羞惡之心)' '사양하는 마음(辭讓之心)' '옳고 그름을 가리는 마음(是非之心)'을 뜻한다.(맹자는 인간의 4가지 마음인 측은지심(惻隱之心), 수오지심(羞惡之心), 사양지심(辭讓之心), 시비지심(是非之心)을 근거로 인간의 본성이 선하다고 주장했다.) 7정은 기뻐하는 마음, 분노하는 마음, 슬퍼하는 마음, 싫어하는 마음, 욕심내는 마음의 7가지의 마음을 말한다.

이황은 인간은 존귀하고 선하다고 보았기 때문에 선한 마음의 단서인 4단을 이(理)가 움직여서 생기는 마음으로, 불완전한 마음인 7정을 기(氣)가 움직여서 생기는 마음으로 규정했다. 인간의 본성은 선한데 그 선한 4단의 마음을 제대로 발현하는 사람을 군자로, 7정에 휘둘려서 본래의 선함을 발휘하지 못하는 사람을 소인배로 본 것이다.

이처럼 이황은 '이(理)'의 존엄성과 절대성을 확보하는 것에 집중했다.

주자의 이기이원론(理氣二元論)과 다른 점은 이황은 '이(理)'에 능동성을 부여하고 있다는 점이다. 주자가 말하는 '이(理)'는 형이상의 실체이며, 의미적 존재이며, 그것의 능동성을 인정하지 않는다. 반면 이황은 '이(理)'라는 것이 모든 선의 근원이기 때문에 절대성과 능동성을 지닌다고 했다.

'이(理)'는 존귀하고 '기(氣)'는 비천하다는 견해로 이황은 인간의 행위에 있어 도덕적 근거를 확보하기 위해 애썼음을 알 수 있다. 기존의 성리학보다 '이(理)'의 존엄성과 절대성을 더욱 부각시켰으며, 이 논리에 따라 사람들에게 도덕적 경건함을 요구했다. 인간에게 있어 '이(理)'는 쉽게 말해 순수한 도덕정신인 것이다.

* 이기호발설(理氣互發說)

'이(理)'가 발하여 '기(氣)'가 '이(理)'에 따르는 것을 4단으로, '기(氣)'가 발하여 '이(理)'가 '기(氣)'를 타는 것을 7정이라고 주장했다. 이를 이기호발설(理氣互發說)이라고 한다.

4단 7정(四端七情)논쟁

정지운의 〈천명도설 天命圖說〉에는 "4단은 이(理)에서 드러난 것이고, 7정은 기(氣)에서 드러난 것이다."라는 구절이 있다. 그런데 이황이 그 구절을 "4단은 이(理)가 드러난 것이고, 7정은 기가(氣) 드러난 것"이라고 고쳐주었고 여기에 청년 유학자 기대승이 반론을 제기하면서 4단 7정 논쟁이 시작되었다. 이황은 4단과 7정을 질적으로 다르게 보았고 이(理)에 능동성을 부여했기에 "4단은 이(理)가 드러난 것"이라는 표현을 쓴 것이다. 하지만 기대승에 의하면 4단이라는 마음도 결국 7정으로 대표되는 자연적 감정에 포함된, 특히 절도에 맞는 윤리적 마음일 뿐이다.

청년 유학자인 기대승은 이황이 지나치게 '이(理)'와 '기(氣)'를 이원 화하고 있다며 비판했고, 이황과 기대승은 그렇게 8년간 편지를 통해 서로의 학문적 견해를 주고받으며 논쟁을 벌이게 된다.(12년간 100여 통의 편지를 주고받았으며 그중 8년을 4단 7정에 관한 학문적 논쟁을 벌였다.)

이황은 인간의 도덕적 본성을 7정인 감정보다 우선시했으며 4단과 7정을 서로 대립적인 것으로 보았다.

"만약 사물에 나타나는 여러 가지 '이(理)'를 두루 탐구하여 '이(理)'를 남 김없이 통찰해낼 수 있는 경지에 이르면 '이(理)'는 지극히 허(虛)하면서도 지극히 실(實)하고, 지극한 무(無)이면서도 지극한 유(有)이며, 동(動)하면 서도 동함이 없고, 정(靜)하면서도 정함이 없고, 더할 수 없이 맑고 순수한 것이며 추호만큼도 이에서 덜어낼 수도 없는 것으로 음양오행과 만물의 근 본이 되면서도 음양오행과 만물에 제약을 받지 아니하는 것이니 어찌 '기 (氣)'와 섞여 한 덩어리가 된다고 할 수 있으며, 어찌 '기(氣)'와 더불어 한 사 물이 된다고 할 수 있다는 말인가?"

— 이황

즉 이황은 '기(氣)'의 독자성을 부정하고 '이(理)'가 '기(氣)'보다 우월 함을 강조하는 것이다. 이황은 '이(理)'와 '기(氣)'가 서로 떨어질 수 없 다는 원칙에는 동의하지만 본질적으로는 그 근원이 달리한다고 보았다. '이(理)'와 '기(氣)'는 우주를 구성하지만 '기(氣)'는 우주를 구성하는 질료로서 '이(理)'에 종속되어 있을 따름이다.

만약 이러한 '이(理)'와 '기(氣)'의 차이를 섞어 혼동한다면 사물과 인간의 본성을 이해하는 데 혼란이 초래될 뿐만 아니라 윤리와 도덕의 기준이 되는 선악의 구별도 불가능해질 것이라고 확신했기에 더욱 '이(理)'와 '기(氣)'를 이원화하여 구분하는 이기이원론(理氣二元論)적 입장을 취했다.

반면, 기대승은 4단과 7정은 서로 대립적인 것이 아니며 두 가지가 서로 융합되어 나타난다는 이기일원론(理氣一元論)적 입장을 취했다. 그리고 '기(氣)'에 독자성을 부여한다. '이(理)'와 '기(氣)'가 모두 어떤 현상의 시발점에 해당할 수 있다는 것이다. 인간의 본성에서 어떤 것이 우러나오든 그것을 어떻게 실천하는가에 따라 충분히 달라질 수 있다고 본 것이다.

요약하자면 이황은 본래 갖고 있던 도덕적 감정이 인간의 행동을 지배한다고 보았고 기대승은 타고난 것도 후천적 기질에 의해 달라진다고 보았다.

"원래 본성이 발할 때 기(氣)가 잘못 작용하지 않으면 본연의 선(善)이 곧 이루어지는데, 이것이 바로 맹자가 말한 4단이다.

이것은 순수하게 천리가 드러난 것이긴 하지만 7정의 범위를 벗어날 수는 없다. 4단은 바로 7정 중 '드러나서 절도에 맞는 것'의 묘맥일 뿐이다." – 〈고봉집 高峯集〉

126

이황은 4단이 '이(理)'에서, 7정은 '기(氣)'에서 나온 것이라며 이분법적으로 표현했지만 기대승은 4단이 별도로 존재하는 것이 아니라 7정 중의 선한 마음일 뿐이라고 주장한다. 기대승은 4단의 수오지심(羞惡之心), 측은지심(惻隱之心) 같은 것들이 7정의 희로애락(喜怒哀樂)과 구분할 수 없는 감정이라고 보았다.

남을 불쌍히 여기는 측은지심(惻隱之心)을 살펴보자.

과연 남을 불쌍히 여기는 마음이 우리의 희로애락(喜怒哀樂)의 감정, 우리의 욕망, 심지어 육체적인 것들과 전혀 무관하다고 할 수 있을까?

현대적 관점에서 논리적 도구를 가지고 논쟁을 들여다보면 이황의 주리론(主理論)은 인간의 순수한 마음을 우리의 현실과 무관하게 무리하게 구분했다는 평가를 내릴 수 있다. 하지만 이황도 기대승과의 논쟁을 통해 자신의 학문적 견해를 일부 수정하기도 했으며 이황의 사상은 그 전보다 상당한 체계를 갖추게 되었다.

기대승과의 8년간 논쟁을 거쳐 그는 "4단은 이(理)의 발이고, 7정은 기(氣)의 발이다"라는 명제를 수정하여 "4단은 이(理)가 발하여 기(氣)가 따르는 것이요, 7정은 기(氣)가 발하여 이(理)가 타는 것이다(四端理發而氣隨之 七情氣發而理乘之)"라고 최종입장을 정리한다. 그의 평생에 걸친 학문적 업적은 그의 저서 〈성학십도 聖學十圖〉에 정리되어 있다.(이황의 타협안인 이기호발설(理氣互發說)은 4단과 7정 모두에

이(理)와 기(氣)라는 범주를 적용했지만 4단에는 여전히 이(理)가 중심적 역할을 하게 된다. 이황은 그의 주장을 완화하였으나, 근본적으로 문제가 된 이발(理發)의 주장을 끝까지 버리지는 않았다.)

이황과 기대승간의 논쟁과 사상적 교류는 한국 성리학의 수준을 한 차원 높이는 데 기여했다고 평가되며, '기(氣)'의 독자성을 강조한 기대승의 주장은 이이(李珥)의 기발이승일도설(氣發理乘一途說)로 이어진다. 4단과 7정 모두 기(氣)가 발하고 이(理)가 탄 것이라는 것이다. 이이(李珥) 역시 4단은 7정에 포함되어 있으며 7정 가운데 선한 일면이 4단이라고 보았다.

"기(氣)가 드러나서 이(理)가 탄다는 이황의 말은 옳지만, 단지 7정만이 그러한 것은 아니다. 4단 또한 기(氣)가 드러나서 이(理)가 타는 것이다."

– 이이

아리스토텔레스(Aristoteles)의 견해가 그의 스승인 플라톤(Platon)의 견해보다 더 논리적이고 현실적이라고 해서 플라톤(Platon)의 위상이 결코 격하되는 것은 아닌 것처럼 이황은 '이(理)'의 우위를 분명히 하고, 이로써 인간의 순수한 마음인 4단을 소중히 해 인간의 순수한 도덕정신을 부각시켰다는 점에서 높은 평가를 받을 수 있다. 이황의 이기호발설(理氣互發說)은 정통 주자학의 학설에 근거했지만 이(理)에 능동성을 부여하는 등 나름대로 독창성이 전개된 조선 성리학의 핵심이다.

* 〈천명도설 天命圖說〉

조선 중기의 학자 정지운이 천명과 인성의 관계를 도식화하고 해설을 붙인 성리학

서.

* 〈성학십도 聖學十圖〉

성리학을 10장의 그림과 함께 풀이한 책으로 성리학의 대가들의 글과 자신의 사상

을 적절히 배합한 작품이다. 이황의 평생에 걸친 학문적 결실을 보여주고 있다.

〈성학십도〉에서 성학은 이상적 지도자, 즉 성군이 되기 위한 학문을 뜻한다. 68세의

이황이 17세의 임금 선조에게 올린 글이기도 하다.

이황의 인품

이황은 사람들에게 도덕적 인간이 되기 위한 구체적 방법으로 경
(敬)이라는 개념을 제시했다.

경(敬)은 어느 환경에서든 자신의 선한 본성과 일치되는 마음을 지
니는 것이다. 지금까지 살펴본 이황에 대한 서술을 보면 그는 관념적
이고 현실보다는 이론과 이상에 치중하여 실천을 소홀히 여긴 것처럼
오해될 소지가 있다. 하지만 그는 성현이 남긴 글의 문자적 의미를 탐
구하는 것에 그치지 않고 그것들을 현실에서 실천하고 체험적으로 성
찰할 것을 강조했다.

동서고금을 막론하고 지식인과 학자 중에는 자신이 내세운 이론과 실제의 삶이 일치하지 못한 경우가 많았다. 제아무리 말이나 글로 높은 도덕적 이상에 대해 논할지라도, 현실에서는 그러한 앎과 일치하는 삶을 산 사람은 극소수라는 것이다. 하지만 우리가 이황을 학자이면서도 성인으로 칭하는 이유를 여기서 찾을 수 있다.

대표적인 이황의 일화를 들어보자면 첫째로, 앞서 살펴본 기대승과의 4단 7정 논쟁이 그렇다.

논쟁 당시 이황은 58세로 성균관의 우두머리 대사성이었지만 기대승은 과거에 이제 막 급제한 32세의 신출내기에 불과했다. 거기다 이황은 임금 선조의 스승이기도 했다. 왕도 함부로 대할 수 없는 대학자였던 것이다. 이러한 사회적 지위의 차이에도 불구하고 서로 대등한 입장에서 학문적 논쟁을 벌인다는 것은 오늘 21세기에도 보기 어려운 광경이다.

대학교 학사를 마치고 이제 막 대학원에 진학한 학생이 교수에게 학문적으로 반론을 제기하면 어떻게 될까? 교수의 입장에서는 대수롭지 않게 여기고 대충 넘어가거나 학생의 행동을 자기 권위에 대한 도전행위로 받아들일 가능성이 높을 것이다.

오늘날 학계에서도 보기 힘든 일이 무려 위아래의 위계질서가 엄격한 조선 신분제 사회에서 일어난 것이다. 이황은 기대승의 학문적 견해를 진지하게 받아들이고 논쟁했으며, 기대승의 반론에 꼬박꼬박 그 답을 정성스럽게 보냈다고 한다. 그리고 기대승은 이황의 학식과 그 인간됨에 감격하였다고 한다. 그리고 이 두 사람은 비록 학문적 견해가 달랐지만 실제로 화목하게 지냈다고 한다.

둘째로는 이황의 아내인 권 씨 부인과의 일화가 그렇다.

이황은 첫 번째 부인과 사별한 후 30세에 권 씨 부인을 아내로 맞이하는데, 권 씨 부인의 집안은 갑자사화로 크게 희생당한 집안으로 할아버지가 교살당하고 아버지가 유배를 당했다. 이러한 사나운 가정사때문에 권 씨 부인은 정신 이상을 얻게 되었다.

이황의 인격을 알아본 권 씨가 자신의 딸을 보살펴줄 것을 이황에게 간절히 호소하여 이황이 그녀를 아내로 받아들이게 된 것이다.

권 씨 부인은 정신병으로 인해 가사를 제대로 할 수 없었고 이황이 살림살이를 하면서 아내를 물질적으로나 정신적으로 지극정성 보살폈다고 전해진다. 한때는 권 씨 부인이 제사상에 올린 배를 몰래 치마 속에 숨겨 가져가 이황을 난처하게 만들었는데, 이황의 형수가 그녀를 모질게 질책했다. 그러나 이황은 형수를 따라 그녀를 질책하기는커녕 "제사 음식을 먹는 것은 예법에 어긋나는 일이지만, 조상님께서도 후손을 어여삐 여길 것이니 손자며느리의 행동을 노엽게 여기지 않을 것입니다."라고 하여 아내를 감싸주었다고 한다. 그리고는 배가 고파 배를 숨겨 달아난 아내를 위해 손수 배를 가져다가 깎아주었다고 전해진다.

이러한 이황의 행실을 보면 그는 인간 본성의 선함을 강조한 철학자답게 스스로가 모범이 되는 삶을 살았음을 알 수 있다. 이황의 학문적 업적과 청렴하고 온화한 인품 덕에 김성일, 유성룡, 정구 등을 포함한 수많은 제자들이 몰려왔고 그를 따랐다.

_알아두면 좋은 **이황의 명언**

- 천하의 의리가 끝이 없는데
  어찌 자기만 옳고 남은 그르다고 할 수 있겠는가.
- 도(道)의 근본은 하늘에서 나왔으나, 이는 모두 사람 마음속에 갖추어져 있는 것이다
- 안전하여 엄숙한 것이 경(敬)의 근본이다.
- 알면서 실천하지 않는 것은 참된 앎이 아니다.
- 부부는 인륜의 시초며 만복의 근원이다. 비록 지극히 친밀한 사이지만 또한 지극히 바르고 삼갈 자리이다.
- 심신을 함부로 굴리지 말고
  잘난 체하지 말고
  말을 함부로 하지 말라.

조식 曺植
1501 ~ 1572

"안으로 밝히는 것은 경(敬)이요,

밖으로 결단케 하는 것은 의(義)이다."

호는 남명(南冥)으로 조선 중기 성리학자다. 학문의 이론적 탐구보다는 실천성과 현실 개혁을 중시했다. 당시의 사회적 현실과 정치적 모순에 대해 거리낌 없이 비판했다. 경상우도의 특징적인 학풍을 이루었으며, 퇴계 이황의 경상좌도 학맥과 더불어 영남 유학의 양대산맥을 이루었다.

칼을 찬 선비

어린 시절부터 유교 경서 외에 불교, 노장사상 등을 비롯해 천문, 지리, 병법, 의학 등 실용적 지식을 다루는 다양한 책을 섭렵했다. 그러다가 25세 때 〈성리대전 性理大全〉에서 원나라 유학자인 노재(魯齋) 허형(許衡)의 글을 보고 성리학에 뜻을 두게 되었다고 한다.

그는 학문에 심취하긴 했지만 이론에 집착하기보다는 실천성을 더 중시했다. 그는 글공부에만 집착한 나머지 외부의 세상과 단절된 선비는 진정한 선비가 아니라고 강조했다. 칼은 찬 선비라는 별명답게 조식은 학자이자 과단성 있는 행동가였다.

그의 칼은 경의검(敬義劍)이라고 하는데 칼에는 "안으로 밝히는 것은 경(敬)이요, 밖으로 결단케 하는 것은 의(義)이다."라는 문구가 새겨져있었다고 한다. 이는 칼을 볼 때마다 자신의 신념을 상기하고 지키고자 함이었다. 여기서 경(敬)이란 자신을 다스리는 깨어있는 정신을 말한다. 다만 조식은 특별히 의(義)를 더 강조했는데 의(義)는 올바르고, 공정한 것을 말한다.

즉, 경(敬)으로써 마음을 바르게 하고 의(義)로써 외부의 것을 처리해나간다는 생활철학으로서 기존의 수기치인(修己治人)의 성리학적 토대 위에 자신만의 실천적 의미를 더욱 부각시킨 개념인 것이다.

과단성 있는 행동가

조식은 주자학이 이론적으로는 더 이상 밝힐 것이 없다고 보고 이론에 집착하기보다는 현실에서 실천을 강조하는 학문을 추구했다. 이상적인 이론에만 치중해서는 현실의 정치적 모순을 바로잡고 백성들의 궁핍한 삶을 개선하는 데 별다른 소용이 없다고 본 것이다.

그가 어린 시절부터 지행합일(知行合一)을 강조하는 양명학과 실천적 학문인 역법, 병법, 의학, 천문 지리 등을 두루 공부한 것이 그의 학문적 기질에 영향을 미쳤으리라.

조식은 출사를 거부하며 관직을 거절했지만, 올바른 정치를 위한 제자 양성에 힘썼으며, 현실 정치의 폐단에 대해 거침없는 비판을 가했다.

일례로 그는 어린 명종을 왕으로 올려놓고 수렴청정(垂簾聽政)하는 문정왕후를 궁궐 속의 과부라고 표현하여 신랄하게 비판한 바 있다. 문정왕후는 명종의 어머니인데, 당시 권력을 틀어쥐고 있던 문정왕후를 직접적으로 비판했던 조식의 용기 있는 행동은 뜻이 있어도 감히 나서지 못하고 숨죽이고 있던 많은 선비들을 감탄시켰다고 한다.

또한 그는 사량진왜변, 을묘왜변 등을 지켜보며 왜구에 강력하게 대응할 것을 역설했고, 역관들이 왜구에게 뇌물을 받고 이들과 결탁하여 조정의 정보를 흘리는 행위를 비판했다.

이를 통해 그가 얼마나 용감하고 대담한 선비였는지를 알 수 있다.

* 지행합일(知行合一)
참 지식(知識)은 반드시 실행(實行)이 따라야 한다는 말

* 수렴청정(垂簾聽政)
나이 어린 세자가 왕으로 즉위했을 때 성인이 될 일정기간 동안 어머니나 할머니가 왕을 대신해 국정을 대리로 처리하던 일을 말한다.

이황과 조식

조식과 이황은 동갑내기로 두 사람 간의 학문적 기질의 차이로 인해 서로 대립하기도 했다. 기질적인 면에서 이황이 온후하고 이론 중심적인 학자라면 조식은 칼을 찬 선비라는 별명이 말해주듯 단호하고 호걸적인 느낌의 학자였다.

이황과 조식 모두 정치적으로 혼란스러운 시대에 활동했지만 이황이 여러 벼슬을 지냈음에도 현실 정치를 멀리하고 언행을 조심스럽고 신중하게 한 것에 반해 조식은 벼슬을 멀리했음에도 현실정치 비판에 적극적이었으며 자신의 신념에 따라 단호하게 행동했다.

특히 학문적인 측면에서 그 차이가 더 분명하게 두드러졌다.

이황은 성리학의 이론적 심화를 중시하고 독서를 할 때도, 제자들을 가르칠 때도 경전의 구절 하나하나를 특별히 신경 써서 이해하고 설명하는 스타일이었다.

반면 조식은 이미 성리학이 이론적으로 모자람이 없이 갖추어져 있다고 보았으므로 이론적 연구보다는 그것을 실천하는 것이 더 중요한 과제라고 보았다. 이황과는 달리 경전의 큰 줄기만 대강 파악하고 부수적인 부분은 건너뛰는 방식으로 독서했으며, 경전의 핵심적인 부분만 따로 발췌하여 〈신명사도 神明舍圖〉를 저술하기도 했다.

조식은 이황의 학문적 기질에 대해 이론에만 집착하느라 실천성과 현실성이 부족하다는 비판을 가했고, 당시의 4단 7정 논쟁을 지켜보면서 현실을 외면하고 고상한 이론이나 떠드는 선비들에게 헛바람이 들었다고 비판을 가하기도 했다. 이황은 그런 조식에 대해 성리학의 순수성을 잃었다고 대응했다. 조식은 실제로 성리학뿐만 아니라 노장 사상, 불교 등에도 개방적인 태도를 취했기 때문이다.

학문에 있어서의 기질적 차이는 두 사람이 계승한 학풍의 차이에서 비롯된 것이기도 하다.

이황이 조선 성리학의 이론적 심화를 시작한 이언적의 학풍을 계승한 반면 조식은 학문적 실천을 중시한 김종직, 정여창, 김굉필, 조광조의 학풍을 계승했다.

훗날 실학자 이익은 그의 저서 〈성호사설 星湖僿說〉에서 조식과 이황을 두고 다음과 같이 평했다.

"중세 이후 퇴계가 소백산 아래서 태어나고, 남명이 두류산 동쪽 동쪽에서 태어났다. 이 곳은 모두 영남 땅으로, 경상좌도에서는 인(仁)을 숭상하고 경상우도에서는 의(義)를 주장하여 유학의 교화와 기개 그리고 절조가 넓은 바다와 높은 산과 같았다.

우리 문화의 빛은 여기서 극에 달하였다."

– 〈성호사설 星湖僿說〉

138

* 신명사도(神明舍圖)

조선전기 학자 조식이 심성수양의 요체를 임금이 나라를 다스리는 것에 비유하여 도표로 표현한 도설서다. 도학이 일어나던 시기에 심성수양의 요체를 도표화하여 도덕적 실천을 중시하는 사상을 간명하게 드러냄으로써 경(敬)·의(義) 사상을 구체적으로 표현하였다는 것에 의의가 있다.

의병장들의 스승

조식은 앞서 설명한 대로 직접 정치에 참여하진 않았지만 올바른 정치를 위해 제자들을 양성하는 데 힘썼다. 그의 대표적인 제자들로는 정구, 곽재우, 정인홍, 김우옹, 이제신, 김효원, 오건, 강익, 문익성, 박제인, 조종도 등이 있다. 그의 실천적이고 대담한 면모때문인지 그의 제자들 중에는 나라가 외세의 침입으로 위기에 처했을 때 의병으로 활동한 선비들이 많이 나왔다. 임진왜란이 일어났을 때 조식의 제자 중에 의병장으로 활약한 사람들이 50여명이 나왔는데, 대표적 인물이 우리가 잘 아는 곽재우(郭再祐) 그리고 정인홍이다.

* 곽재우(郭再祐)

곽재우(1552 ~ 1617)는 조선시대 임진왜란 당시 진주성전투, 화왕산성전투에 참전한 의병장으로 임진왜란을 극복하는 데 중요한 공을 세웠다. 여러 의병 중에서 가장 먼저 의병을 일으켰으며, 홍의를 입고 지휘했다고 해서 '홍의 장군'이라 불린다.

139

● 많은 사람들은
  곤궁으로 고민하고 있다.
  나는 여러 차례 과거에 낙제하여
  곤궁함 속에서 편안함을 얻게 되었다.
  내가 이 곤궁함을 어찌
  세상 사람의 부귀영화와 바꿀 수 있으랴.

● 고금의 학자들이 곤궁하면서도 마음 편히 있기가 몹시 어려운 것은, 사서를 깊이 읽어 깨치지 못한 까닭이다.

● 산처럼 우뚝하고 못처럼 깊으면 봄날의 꽃처럼 환희 빛나리라

이이 李珥

1536 ~ 1584

"이(理)를 떠난 기(氣)도 있을 수 없고
기(氣)를 떠난 이(理)도 있을 수 없다.
이(理)와 기(氣)는 상호보완적 관계다."

조선 중기의 성리학자 이자 정치가다.

호는 율곡(栗谷)이며, 어머니는 신사임당이다. 이황과 더불어 조선 성리학을 대표하는 유학자 중 하나로 탁월한 식견과 통찰력으로 학문, 정치, 경제, 국방 등 모든 영역에서 구체적인 개혁안을 제시하였다. 특히 임진왜란을 예견하여 십만 명의 병사를 기르자는 십만 양병설을 주장하였다. 그는 이황의 주리론(主理論)과 서경덕의 주기론(主氣論)을 조화시켜 한국 성리학의 이론을 발전시켰으며, 그의 사상은 김장생 등에게 계승되어 기호학파를 낳았다. 저술로는 〈동호문답 東湖問答〉, 〈만언봉사 萬言封事〉, 〈성학집요 聖學輯要〉, 〈격몽요결 擊蒙要訣〉 등이 있다.

구도장원공(九度壯元公)

이이는 덕수 이 씨로, 1536년(중종 31년) 강릉 북평현에서 태어났다.

깊은 학문과 출중한 그림실력으로 명성이 자자했던 그의 어머니 신사임당은 그를 직접 가르쳤다. 이이는 어머니가 공부하는 모습, 그림을 그리는 모습을 보며 성장했고 많은 영향을 받았다. 공부를 마치 놀이처럼 여기면서 성장한 이이는 13세에 진사 초시에 장원으로 합격하였으며, 당시 시험관은 이에 경악하여 "이 아이는 하늘이 내린 귀재로다."라며 탄식했다고 전해진다.

이이의 타고난 천재성과 신사임당의 탁월한 교육이 조선의 대학자를 탄생시킨 것이다.

그는 어린 시절 신동으로 불렸으며 29세까지 무려 9번의 과거시험에서 장원으로 급제하여 구도장원공(九度壯元公)이라는 칭송을 받았다.

이황이 이러한 이이의 재능을 두고 "이이가 명석하여 많이 보고 기억하니 후생을 두려워할 만하다."라고 감탄했다고 한다.

이이의 철학사상

앞서 우리는 이황과 기대승의 4단 7정 논쟁을 살펴보았다.

이 논쟁에서 이황은 이(理)의 우위성을 강조하는 이기이원론(理氣二元論)적 입장에서 이(理)와 기(氣)를 엄격하게 구분하였다. 4단과 7정을 각각 이발(理發)과 기발(氣發)로 나누어 설명한 것이다.

하지만 기대승은 기(氣)를 중시하는 이기일원론(理氣一元論)적 입장에서 7정 밖에 따로 4단이 있는 것이 아니라 7정이 4단을 포함한다고 주장하였다. 4단은 7정 가운데 순선한 것만을 가려낸 것에 지나지 않는 것이다.

이이는 기대승과 마찬가지로 7정이 4단을 포함한다는 칠정포사단(七情包四端)의 논리를 전개하며 이황의 학설에 반대하였다.(이이에 의하면, 4단은 7정의 한 부분으로 선한 부분일 따름이지 7정과 분리해서 따로 존재하는 어떤 것이 아니다.)

이(理)란 사물이 사물로 존재할 수 있는 본래의 성질이자 보편적 원리이며, 기(氣)란 이것이 도리에 맞게 실제로 나타나게 할 수 있는 재료이자 힘이다.

그는 이(理)와 기(氣)가 논리적으로 구분되기는 하지만 공간적으로나 시간적으로는 분리될 수 없다고 보았다. 이 세계에서 나타나는 모든 현상과 사물이 존재하기 위해서는 반드시 하나로 만나지 않으면 안 되기 때문이다.

예를 들어, 컵에 물이 담겨있는데, 동그란 컵에 담긴 물, 네모난 컵에 담긴 물은 그 모양이 다르지만 물은 똑같은 물일 뿐이다. 여기서 컵이 기(氣)라면, 물은 이(理)에 해당한다. 기(氣)를 옮기면 항상 이(理)도 옮겨지지만 이(理)만 따로 옮길 수는 없다. 그러므로 항상 이(理)와 기(氣)는 떨어질 수 없다. 따라서 이(理)와 기(氣)는 어느 한쪽이 귀하거나 천한 것이기보다는 상호의존적이며 상호보완적인 관계이다. 이이는 이러한 이(理)와 기(氣)의 관계를 이기지묘(理氣之妙)라는 말로 나타냈다.

이황은 이(理)를 존귀하게 여기고 기(氣)를 비천하게 여겨 엄격하게 구분했지만, 이이는 이(理)를 공통된 특성으로 기(氣)를 차별성으로 보았다.

즉, 이(理)와 기(氣)는 존귀와 비천의 문제가 아니라 공통성과 차별성의 문제다. 이(理)는 공통된 것, 기(氣)는 국한된 것. 여기에서 이통기국론(理通氣局論)이 나오게 된다.(물 모양이 둥글거나 네모난 것은 기국(氣局)에 해당하고 그릇에 담긴 물이 본질적으로 동일한 것은 이통(理通)에 해당한다.)

이이의 이기론(理氣論)은 다양한 현상 속에 보편적 원리가 내재하며 이러한 보편적 원리는 기(氣)의 작용에 의한 현실의 구체적 현상론과 따로 떨어져 존재하는 것이 아니라는 것으로 요약된다. 이러한 관점에서 이이는 4단과 7정 모두를 기(氣)의 작용으로 보았다.

모든 활동과 작용은 기(氣)의 운동에서 나타나며 기(氣)가 발하면 이(理)는 단지 여기에 올라탈 뿐인 것이다. 이것이 기발이승일도설(氣發理乘一途說)이다.

기발이승일도설(氣發理乘一途說)은 사물의 본체(本體)는 기(氣)에 의해 움직인다는 생각이다. 이러한 생각은 그의 삶에도 그대로 적용되어 실제(實際)를 중시하는 배경으로 발전된다. 이이는 의리와 실리, 이념과 현실을 대립적인 관계가 아닌 상보적인 관계로 보았고 이를 통해 성리학이 정치, 경제, 국방, 교육 등 사회 전반의 개혁사상과, 조선 후기의 실학으로 전개될 수 있는 기초가 마련되었다.

* 이기지묘(理氣之妙)

이(理)와 기(氣)의 오묘한 조화의 관계를 밝힌 논리 구조.

현실에 있어서 존재와 가치, 관념과 사실, 이론과 실천의 일치와 조화를 꾀함과 동시에 모든 사고의 독단을 화쟁(和爭)하는 논리다.

이이는 이(理)를 떠난 기(氣)도 있을 수 없고 기(氣)를 떠난 이(理)도 있을 수 없다는 기본 입장을 취한다. 그러나 이기(理氣)를 분리할 수 없다고 하여 순수한 이(理)와 잡박한 기(氣)를 혼돈할 수는 없다고 보았다. 이이는 불상리(不相離)·불상잡(不相雜)으로써 이기지묘(理氣之妙)를 설명하였다. 불상리(不相離)란 서로 떠나지 않는다는 뜻으로 이기(理氣)를 둘로 나눌 수 없다는 것이다. 불상잡(不相雜)이란 서로 섞일 수 없다는 뜻으로 이(離)와 기(氣)가 그 실제의 의미는 다르다는 것을 지적한 말이다.

경장론(更張論) : 세상을 미리 내다보고 개혁을 주장하다

이이는 성리학에 근거하면서도 불교와 도교 사상에도 깊이 심취하는 등 사상적인 면에서 탄력성을 보유하고 있었으며, 이황이 도덕적 수양을 강조한 것과 달리 정치적 실천을 강조하는 실공(實功)사상을 강조했다. 그는 이론적으로 성리의 원리를 밝히는 것만이 도학(道學)이 아니라, 그것을 실천하는 것이 도학(道學)이라고 말했다.(학문적 수양과 정치적 실천을 선후의 관계로 보지 않고 동시에 진행해야 하는 것으로 파악했다.) 그 때문인지 그는 이론에만 얽매이기보다는 현실의 다양한 문제들에 대해 큰 관심을 가지고 구체적인 대안들을 제시하였다.

제아무리 크고 튼튼하게 지어진 건물이라도 세월이 흐르다 보면 상한 곳이 생기는 법. 나라도 시대의 변화에 대응하지 못하면 제도의 결함이 하나 둘 나타나기 시작해 마침내 나라 전체가 무너질 위기에 처하게 될 것이다. 그가 살던 시대는 조선이 건국된 지 200여 년이 되던 시기로 그는 자신이 살던 시대를 나라가 중간 쇠퇴기로 진행되고 있는 과정으로 보았다.

이이는 선조를 대면한 자리에서 조선의 현실을 다음과 같이 진단했다.

"우리나라가 건국된 지 200년이 지나 중쇠(中衰)의 시기에 해당하는데, 권간(權姦)이 어지럽혀 화를 많이 겪었고 오늘에 이르러는 노인이 원기가 소진돼 다시 떨치지 못하는 것과 같습니다."

이이는 당시 사회를 큰 병을 앓고 있는 사회로 진단하여 그 모순과 폐단을 개혁하고자 경장론(更張論)을 제시하였다. 오래된 집이 허물어지지 않고 굳건하게 유지되려면 낡은 서까래와 기둥을 바꾸는 등의 보수가 필요하듯, 국가 역시 시대의 흐름에 맞게끔 제도를 개혁해야만 지켜질 수 있는데, 이를 경장(更張)이라고 한다.

그는 선조에게 올린 〈만언봉사 萬言封事〉에서 "정치는 때를 아는 것이 중요하고 일에 있어서는 실질적인 것에 힘쓰는 것이 중요하다."
라고 하면서 현실에 맞는 제도가 시행되어야만 백성들의 삶을 편안케
만들 수 있다고 주장하였다. 이이의 경장론(更張論)은 국방력 강화와
경제 발전을 위해 다양한 대책을 제시하는 방향으로 나타났다.

당시의 백성들은 거주지에서 생산되지 않는 물품을 바쳐야 했던 공
납제로 인해 큰 어려움을 겪고 있었는데, 불합리한 조세제도로 말미암
아 국가에 공물을 대신 납부해주고 백성들에게 터무니없이 큰 대가를
요구하는 무리들이 나타나기 시작했다. 이러한 방납(防納)으로 농민의
부담은 가중되었지만 오히려 국가의 수입은 감소하게 되었다. 이이는
그 폐단을 지적하고 이를 개혁하고자, 보유한 토지에 따라 쌀로 세금
을 내자는 수미법(收米法)을 제시했다.(이이가 제시한 개혁과제는 '민
생'에 방점이 찍혀 있었다. 기득권 세력들은 대토지를 소유하고 있는
반면 땅이 없는 백성들은 공납의 부담과 방납의 폐단으로 어려움이 가
중되고 있었다. 이러한 상황에서 이이는 보유한 토지를 기준으로 쌀로
납부하는 수미법(收米法)을 주장한 것이다.)
또한 그는 임진왜란 이전에 국방력 강화를 위해 군사의 수를 늘리고
훈련을 강화하여 외세의 침입에 대비해야 한다는 10만 양병설을 주장
했던 선각자였다.

하지만 보유한 토지에 따라 쌀로 세금을 내자는 그의 개혁안은 토
지를 많이 보유하고 있었던 지배층의 반발로 무산되었으며, 10만 양
병설 역시 받아들여지지 않은 채 1584년 세상을 떠나게 된다. 당시의

조정은 동인과 서인의 소모적인 당쟁으로 정국은 심각한 분열과 갈등, 혼란 상황이었는데, 막무가내식 당파싸움은 새로운 주장을 펼쳐 비난과 공격의 대상이 되기보다는 과거의 관행에 편승해 이득을 누리려고 하는 무사안일주의를 낳았다. 이는 새로운 제도와 관습을 추구하는 이이의 경장론(更張論)이 개혁의 동력을 잃고 제대로 정착되지 못하는 원인이 되었다. 선조는 이이의 학문적 역량을 높게 평가하기는 했지만 이이만큼의 통찰력과 문제의식은 없었으며 그가 제시한 개혁안에 크게 귀를 기울이지 않았다.

이이는 조선의 현실을 누구보다 미리 내다보고 위기를 타개할 구체적인 정책을 제시했던 천재였다. 그러나 그의 외침에 귀를 기울이지 않은 조선은 건국 이후 최대의 재앙을 마주하게 되는데 그것이 바로 임진왜란이다.(그가 타계한 지 8년 후 1592년 왜군이 침입하여 임진왜란이 일어난다. 이때 조선은 왜의 침입에 속수무책으로 당하고 선조는 한양을 떠나 의주로 피난을 가게 된다.)

작은 병도 치료할 기회를 놓치게 되면 반드시 큰 병으로 돌아와 큰 화를 입게 된다. 이는 역사가 거듭 확인해주는 대목이다.

앞을 내다볼 줄 알았던 이이. 당시 그의 개혁은 현실화되지 못했지만 조선 최고의 성리학자로서 그가 닦아놓은 사상적 기반과 구체적인 개혁의 시도는 결코 헛되지 않았다. 백성들의 세금을 모두 쌀로 거두자는 그의 주장은 훗날 대동법(大同法)으로 현실화되었고, 국방을 강화해야 한다는 주장은 실학자들에게 이어져 조선 후기 군사 개편에 큰 영향을 미쳤다.

* 대동법(大同法)

조선시대에 공물(貢物:특산물)을 쌀로 통일하여 바치게 한 납세제도.

16세기에 이이와 유성룡 등은 방납의 폐단을 시정하기 위해 공납을 쌀로 납부하는 수미법(收米法)을 주장하였으나 정책으로 실시되지는 않았다. 이후 1608년 광해군 때 이원익의 건의에 의해 공납을 쌀로 받는 대동법이 경기도에 처음 실시되었고, 1708년 숙종 때 전국에 걸쳐 실시되었다.

성학집요(聖學輯要)

〈성학집요 聖學輯要〉는 조선 중기의 유학자 이율곡이 〈대학 大學〉의 본뜻을 따라서 성현들의 말을 인용하고 설명을 붙인 책으로 일종의 제왕학의 지침서이다. 쉽게 말해 정치의 근본인 임금이 유교 정치 이념을 보다 쉽게 체득할 수 있도록 성학의 내용을 정리해 바친 글이다.

개혁을 추진해야 할 주체인 사림 세력이 동인과 서인으로 분열되어 다투는 상황을 체험한 이이는 만사의 중심에 있는 임금이 확고하지 않고서는 개혁이 이루어질 수 없음을 절감하였다. 이에 선조가 성군으로서의 정치를 펼치기를 바라는 뜻에서 제왕학을 터득하는 것에 도움이 되는 말을 경서와 역사책에서 뽑아 정리해 선조에게 바친 것이다.

이이의 〈성학집요 聖學輯要〉는 이황의 〈성학십도 聖學十圖〉에 대응하는 책으로 알려져 있다.

이황의 〈성학십도 聖學十圖〉에서는 임금이 스스로 성학을 따를 것을 제시한 반면, 이이의 〈성학집요 聖學輯要〉에서는 현명한 신하가 군주에게 성학을 가르쳐 그 기질을 변화시켜야 함을 역설한다. 이처럼 이이가 성학에서 신하의 비중을 격상시킨 것은 당시 정권을 담당하고 현실을 주도하면서 개혁을 추진해야 하는 이이의 시대적 역할을 반영한 것으로 볼 수 있다.

구성은 통설(統說), 수기(修己), 정가(正家), 위정(爲政), 성현도통(聖賢道統)의 5편으로 되어있다.

제1편은 통설(統說)로, 서론에 해당한다. 책을 엮은 배경과 목적, 가치, 성학에 대한 일반론을 설명하고 있다. 당시 24세이던 선조를 위해 저술하였고, 학문을 하고자 하는 모든 사람에게 유익하도록 하기 위해서 책을 지었다고 언급하고 있다.

제2편에서 제4편까지는 본론에 해당하며 핵심 내용이 담겨 있다. 제2편은 수기(修己)로 자기 몸을 수양하는 방법, 제3편은 정가(正家)로 가정을 올바르게 다스리는 방법, 제4편은 위정(爲政)으로, 나라를 다스리는 정신과 방법에 대해 제시하고 있다.

제5편은 결론에 해당하는 부분으로 성현도통(聖賢道統)을 담고 있다. 과거 성현들의 업적을 통해 끊어진 도통을 이어 가야 하고 개인은 부지런히 자기를 수양하고, 왕은 나라를 바르게 다스려야 한다는 교훈을 역설적으로 담고 있다.

_알아두면 좋은 **이이의 명언**

스스로 뜻을 세웠다고 하면서도
곧 노력하지 않고
머뭇거리며 기다리는 것은

명목상으로 뜻을 세웠다고 하나
실은 배움을 향하는 성의가 없기 때문이다.

진실로 내 뜻을 학문에 두었다면
실천하면 될 것인데,
왜 남에게 구하며
왜 뒷날로 미루겠는가.

뜻을 세움이 귀하다는 것은
곧 공부를 시작하여
물러서지 않는 까닭인데,

하는 것 없이 날만 보낸다면
어찌 성취할 수 있겠는가.

〈격몽요결 擊蒙要訣〉

정약용 丁若鏞
1762 ~ 1836

"백성이 목민관을 위해서 있는 것이 아니라
목민관이 백성을 위해 있는 것이다."

조선 정조 때의 실학자로 18세기의 실학을 집대성하고 발전시킨 사상가로 평가받는다.

정약용은 토지제도 개혁을 제시한 경세치용학파 이익의 사상과 상공업 발전과 기술의 중요성을 강조했던 이용후생학파 박지원의 영향을 받아 한국 실학을 체계화하였다.

수원 화성 건축 당시 거중기를 고안하였으며 〈경세유표 經世遺表〉, 〈목민심서 牧民心書〉, 〈흠흠신서 欽欽新書〉 등을 비롯해 500여 권의 방대한 저서를 남겼다.

유배지에서 실학을 집대성하다

그는 23세의 나이에 진자 시험에 합격하여 성균관에 들어갔으며 여러 시험을 통해 그 재능과 학문을 인정받아 정조의 총애를 받았다.

특히 수원화성을 쌓을 때 작은 힘으로 무거운 것을 들어 올릴 수 있는 거중기를 고안하여 정조에게 신임을 얻어 높은 관직에 오르기도 했다.

그러나 정조가 죽자 그를 시기하던 많은 사람들에 의해 천주교도로 몰려 유배를 당하게 된다. 정약용이 정말 천주교 신자였는지에 대해서는 확실히 밝혀진 바는 없지만 평소 서학에 많은 관심을 가지고 연구를 했음을 고려해 볼 때 종교적 믿음보다는 어디까지나 학문적인 관점에서 접근한 것으로 보인다. 실제로 그는 뚜렷한 종교적 활동을 전개하지 않았다.

서학에 대한 남다른 관심은 그를 사상적으로 발전시키기도 했지만 동시에 정치적 진로에 있어서는 큰 장애로 작용하기도 했다. 그 당시 천주교라는 것은 성리학적 지배구조에 대한 명백한 도전으로 받아들여졌기 때문이다. 평소 정약용을 경계하던 세력들은 서학에 심취해있던 정약용을 어떻게든 천주교와 연류 시켜 혐의를 뒤집어씌우려고 했다.

결국 그는 1801년부터 1818년까지 무려 19년이라는 세월을 유배지에서 보내게 된다.

그러나 유배생활이 꼭 그에게 불리하게 작용한 것은 아니었다. 정치적으로는 몰락기와 다름없었던 유배기는 오히려 학자로서 실학을 집대성하고 완성시킬 수 있는 기회가 되었기 때문이다. 오직 책을 읽고 연구에만 매진할 수 있었기 때문에 방대한 저서도 남길 수 있었다. 그는 〈경세유표 經世遺表〉, 〈흠흠신서 欽欽新書〉, 〈목민심서 牧民心書〉등을 비롯하여 평생 동안 500여 권의 저서를 집필했는데 이 중 대부분이 유배기를 거쳐 완성된 것이다.

그는 무엇보다도 유교 경전에 대한 새로운 해석을 통해 관념론적인 주자학의 공허함을 극복하고자 노력했다. 실제로 그는 전제, 세제, 법제, 병제 등 개혁안을 고안하며 봉건사회가 갖고 있는 모순들을 해결하고자 했다.

아래는 정약용이 1801년 추운 겨울날 유배지인 강진읍에 도착하여 지은 시인데, 그의 강한 신념과 의지를 느낄 수 있다.

"생각이 마땅히 맑아야 하니 맑지 못함이 있다면 곧바로 맑게 해야 한다.
용모는 마땅히 엄숙해야 하니 엄숙하지 못함이 있으면 바로 엄숙하게 해야 한다.
언어는 마땅히 과묵해야 하니 말이많다면 그치도록 해야 한다.
동작은 마땅히 후중하게 해야 하니 후중하지 못하면 곧바로 더디게 해야 한다."

-〈객중서회 客中書懷〉

---

* 〈경세유표 經世遺表〉

조선을 부국강병한 나라로 만들기 위한 제도 개혁안을 정리한 책이다. 이 책에서 그는 토지문제를 언급하면서 정전제를 제시한다. 또한 상업의 발전과 기술의 중요성을 강조하고 있다.

* 〈흠흠신서 欽欽新書〉

이 책은 재판과 형벌에 관련된 법전으로 공정한 법적용을 통해 백성들이 지방수령들에게 억울하게 처벌받는 일이 없도록 하기 위한 것이다. 여기서 그의 애민 사상을 엿볼 수 있다.

* 〈목민심서 牧民心書〉

이 책은 백성들을 다스리는 수령들이 지녀야 할 자세, 마음가짐에 대해 다룬다. 정약용은 목민관들의 능력과 청렴함을 강조했다. 모두 12편이며 각편을 6조로 나누었다. 그래서 총 72조로 구성되어있다.

공자의 정신으로 돌아가다

정약용의 학문은 크게 경학(經學)과 치인(治人)으로 구성된다.

경학(經學)은 6경 4서로써 자신의 심신을 수양하고 다스리는 것을 말하고, 치인(治人)은 그러한 경학(經學)을 근본으로 하여 세상을 다스리는 것을 말한다. 정약용이 말하는 치인(治人)은 경세학을 실현 도구로 한다.

정약용은 관념적이고 현실과 다소 동떨어졌던 당시의 주자 성리학을 극복하고자 공자의 원시 유가에 주목하였다. 본래 공자의 도는 수기(修己)와 치인(治人) 일뿐인데 오늘날의 학자들이 이론과 형이상학적 논변에만 치우친 학문으로 만들었다는 것이다. 그는 이기 논변에 치우친 당시 성리학의 형이상학적 탐구 경향을 비판하고 실행과 실천이 가능한 실학적 사고로 6경과 4서를 새롭게 재해석하였다.

선과 악은 자신의 선택에 달려있다

맹자는 인간의 본성은 선하다고 하여 성선설을, 순자는 악하다고 하여 성악설을 주장했다. 하지만 정약용은 인간의 본성은 그 자체로 선한 것도 악한 것도 아니라고 한다. 기호에 따라 선하게도 악하게도 행동할 수 있다는 것이 그의 견해다. 기호라는 것은 무엇을 선호하고 싫어하는 지를 말한다. 인간은 자신의 기호에 따라 선택적 행동을 한다. 인간 본성이 처음부터 선하거나 악하게 정해진 것은 아니다.

정약용은 인간의 마음에 세 가지 속성이 있다고 말한다. 첫째는 성(性)이며, 둘째는 권형(權衡)이고, 셋째는 행사(行事)다. 성(性)이란 악보다 선을 좋아하는 천성을 말하는데, 이는 맹자의 성선설과 통한다. 권형(權衡)은 선과 악을 선택할 수 있는 자유의지를 말하고, 행사(行事)는 선을 행하기는 어렵고 악을 행하기는 쉬움을 말하는 것으로, 이는 순자의 성악설과 통한다. 정약용은 이 세 가지 속성 중 권형(權衡)을 매우 중요하게 보았다.

결국, 인간에게는 선악을 선택할 자주적 권리가 있으며, 자신의 선택적 행위에 따라 선할 수도 악하게 될 수도 있다.
사실, 정약용의 기호설은 애민의 사상이 깃들어있다는 점에서 의의가 있는데, 기호설은 인간의 이기적 욕망, 즉 본능을 인정하며 양반뿐만이 아니라 일반 백성들에게도 자신이 좋아하는 것을 추구하려는 본

성이 있으므로 그들 역시 인간답게 살 권리를 가질 수 있다는 논리로
이어지기 때문이다.

애민(愛民)사상

정약용의 경제학은 민(民)에 대한 애정을 기반으로 한다.

〈원목 原牧〉이라는 글에서는 "백성이 목민관을 위해서 있는 것이
아니라 목민관이 백성을 위해 있는 것이다."라고 하였으며 〈목민심서
牧民心書〉서문에서는 군자의 학문은 수신(修身)이 절반이고 나머지
절반은 백성들을 다스리는 것이라고 했다. 그리고 백성들을 다스리는
관리로서 요구되는 덕목으로 율기(律己, 자신을 다스림), 봉공(奉公,
공을 받들음), 애민(愛民, 백성을 사랑함) 3가지를 들고 있다. 〈흠흠신
서 欽欽新書〉의 서문에는 법의 적용과 집행에서 억울하게 형벌을 당
하는 백성이 나오지 않도록 하기 위해 책을 집필했음을 밝히고 있다.

정약용의 애민사상은 그의 각종 개혁안으로 나타났으며 백성들의
삶을 개선하는 것을 핵심적인 과제로 삼고 있었던 현군 정조와도 그
뜻이 맞았기에 서로 정치적 동지가 될 수 있었다.

하지만 그가 만민 평등의 원리를 이론화하거나 신분제 철폐로 사회
적 평등을 달성하고자 하는 수준의 단계에 이르렀던 것은 아니다. 그
가 사회적 불평등과 봉건적 모순점에 대해 문제의식을 가지고 있었던
것은 사실이지만 어디까지나 사회 분업에 따른 기능적인 측면에서 접

근했을 뿐이다. 그의 민본주의 사상도 당시의 고정적 신분관에서 크게 벗어나지는 못했다.

정약용의 경세론과 개혁안은 진보적 성향이 강했지만 그의 사상은 원시 유가적 경서를 기반으로 한 것이기 때문에, 그리고 당시의 정치적 제약 때문에 다소 보수적인 성격을 지닐 수밖에 없었다. 하지만 개혁을 향한 열정과 백성에 대한 애정은 그가 남긴 저서들에 그대로 담겨있다.

국태민안(國泰民安)

당시 집권층들은 주로 주자학적인 예법을 통해 위계질서와 통치질서를 합리화하여 사회를 안정시키고자 했다. 그러나 실학자인 정약용은 백성들의 실생활에 유용한 기술과 학문을 통해 문제를 해결하고자 했다. 그는 과학기술의 진보는 도덕적 가치보다는 민(民)의 생산 활동에 있음을 분명히 인식하고 선비들이 이용후생(利用厚生)을 위한 기술 연구에 종사할 것을 권장하고 높이 평가했다.

"참 선비의 학문은 본디 나라를 다스리고 백성을 편안케 하며, 외적을 물리치고 재용(財用)을 넉넉하게 하며, 문(文)에 능하고 무(武)에 능하다. 어찌 옛사람의 글귀나 가지고 글을 빗고, 벌레나 어류의 해설을 하고 소매 넓은 선비 옷을 입고서 예술을 익히는 것만이 선비의 학문이겠는가?"

−〈속유론 俗儒論〉

하지만 그의 개혁안을 두고 실현 가능성이 부족하다는 평가도 있다.

그가 정치와 먼 행보를 보인 것은 학문을 연구할 수 있는 많은 시간을 확보할 수 있는 계기가 되었지만 개혁의 현장과 유리되어 있다는 한계점을 내포하기도 한다.

이론에 치중하여 경험이 부족하게 되면 개혁안에 현장성이 결여되기 마련인 것이다.

개혁 목표와 의지, 이상적인 사회상은 뚜렷하게 제시했지만 구체적이고 실현 가능한 대안을 제시하는 데까지 이르진 못했다는 평가를 받는 대목이다. 특히 토지를 공동소유화하고 농민의 경제적 평등을 지향한 토지 개혁안은 혁신적이지만 봉건 지배층이 경제력을 독점하고 있는 조건에서 실현되기는 어려운 것이었다.

그럼에도 불구하고 18세기 사회에서 대두되던 모순점을 제대로 파악하고 지적했으며 개혁의 의지를 집대성하고 개혁의 당위성을 뚜렷하게 제시해준 인물임은 틀림없다.

_알아두면 좋은 **정약용의 명언**

● 나라를 망하게 하는 것은

외침이 아니라

공직자의 부정부패에 의한

민심의 이반이다.

● 기술을 천하게 여겨서는 안 된다.

기술이 인간의 생활에서 차지하는 비중과 역할은 대단히 크다.

이를 올바로 인식해야 한다. 인간과 짐승을 구별하는 것은

인륜을 가진 데만 있는 것이 아니라 기술을 소유하고

그것을 발전시켜 나가는 데 있다. 우리는 낙후된 실정을 직시하고

어서 빨리 서양의 근대 과학 기술을 받아들여야 한다.

● 백성을 사랑하는 근본은

재물을 절약해 쓰는 데 있고

절용(節用)하는 근본은 검소한 데 있다.

검소해야 청렴할 수 있고

청렴해야 백성을 사랑할 수 있기 때문이다.

그러므로, 검소하게 하는 것은

목민관이 된 자가 가장 먼저 힘써야 할 일이다.

최한기 崔漢綺

1803 ~ 1877

"실생활에 도움이 되는 학문만이 참된 학문이다."

조선 후기 실학자이자 과학 사상가

최한기는 19세기를 대표하는 학자 중 한 명으로 동서양의 학문을 다 방면에서 집대성하여 한국 근대사상의 성립에 큰 기여를 한 인물이다. 중국에서 발간된 수많은 서양 서적을 접하여 이를 바탕으로 동양의 이기론(理氣論)을 서양의 경험론(經驗論)과 접목해 독창적인 기(氣) 철학으로 전개했다.

엄청난 독서광

최한기는 개성 출신으로 부친인 최치현과 10세의 어린 나이에 사별하고 큰집 종숙 부인 최광현의 양자로 입양되었다. 그의 고향은 개성이지만 양아버지 최광현을 따라 서울로 가면서 인생 대부분을 서울에서 보내게 된다.

최한기가 활동했던 그 당시 시대적 상황은 세도정치로 인해 부정부패가 만연하고 가혹한 수탈로 백성들의 삶이 궁핍했으며, 외교적으로는 쇄국정책으로 서양 문물을 들어오지 못하여 나라의 발전이 지연되고 있었다. 최한기는 신진 문물을 받아들이고 변화하는 시대에 발맞춰야 시대 흐름에 뒤처지지 않을 수 있다고 보았다.

그 당시 개성 지방은 관리의 등용이나 진급에 있어 차별대우가 심했는데, 제아무리 능력이 우수하고 뜻이 높은 인재도 세도 정권의 권력자와의 연줄이 없으면 하급관리에서 벗어나기가 어려웠다. 최한기는 그 현실적 한계를 깨닫고 23세에 과거에 합격했음에도 벼슬을 멀리하고 학문을 연구하고 저서를 남기는 것에 몰두했다.

그는 특히 서양의 학문을 접하고 수많은 저서를 편찬하는 데 몰두했다. 그의 양아버지 최광현은 경제적으로 부유했기 때문에 쉽게 구할 수 없는 서양의 서적들을 중국으로부터 다양하게 수입하여 접할 수 있었다.

앞서 실학자 정약용이 500여 권의 방대한 저서를 편찬했다고 소개했는데 정약용보다도 더욱 방대한 저술을 남긴 실학자가 있었으니 그의 이름이 바로 최한기다.

그가 편찬한 저서 중에는 온전한 형태로 전해 내려오지 못한 것들이 많지만 족히 1000여 편에 이른다고 한다.

최한기는 학문을 연구함에 있어 다음과 같은 신념이 있었다고 한다.

20대 : 분야를 가리지 않고 폭넓게 공부하며 탐색한다.

30대 : 취사선택하여 핵심만 얻어야 한다.

40대 : 자신을 이 세계와 연결시켜야 한다. 모든 경험과 지식을 자신만의 것으로 만든 후 그것을 밖으로 쏟아야 한다.

50대 : 이후에는 이미 공부했던 분야의 내용을 정리한다.

실학(實學)과 허학(虛學)

조선 성리학의 주리론(主理論)과 주기론(主氣論)의 대립, 그리고 4단 7정 논쟁. 4단 7정 논쟁은 우주 만물을 논함에 있어 세상 모든 사물과 현상의 본질로 대변되는 이(理)와 물질적이고 개별적 에너지인 기(氣)를 두고 그 관계를 어떻게 정립할 것인가를 놓고 벌인 논쟁이었다.

이 논쟁은 분명 주자의 성리학을 조금 더 독창적인 모습으로 발전시켰지만 관념적인 세계에 지나치게 몰두하여 현실을 도외시했다는 비판을 받기도 한다.

최한기는 실생활에 도움이 되는 학문만이 참된 학문이고 그렇지 못한 학문은 허학(虛學)이라고 하여 냉정한 평가를 내렸다. 그리고 기학(氣學)만이 참된 학문이라고 했다. 그는 과학적으로 밝혀진 사실을 바탕으로 모든 것을 생각했다.

서양의 문물이 들어오면서 서양의 철학과 과학 그리고 기술에 대해 관심을 갖는 학자들이 하나둘씩 등장하기 시작했고 우리는 이들을 실

166

학자라고 부른다.

실학자로서의 최한기는 기존 유교적 전통과는 이질적으로 서양의 경험론(經驗論)을 채택하여 동양철학의 이기론(理氣論)을 발전시켰다. 맹자가 강조한 인간 본연의 선한 습성도 사실은 경험적으로 얻어지는 것에 불과하다는 것이다. 인간의 모든 앎은 선천적인 것이 아니라 후천적 경험을 통해 습득되는 것이다. 인간은 자신의 감각기관인 눈, 코, 입, 귀 등을 통해 경험을 축적하고 축적된 정보를 바탕으로 추측이라는 것을 할 수 있다. 그의 사상은 분명 서양의 영향을 받은 것이며 〈추측록 推測錄〉과 〈신기통 神氣通〉을 비롯한 수많은 저서에서 서양학문을 소개하고 있다.

정약용은 주자가 인간, 원숭이, 나무, 종이, 돌 등 모든 상이한 만물을 하나의 이(理)로 환원한 것을 두고 불교적 세계관과 비슷하다고 비판했으며 개별자로서의 기(氣)를 강조하고 이(理)를 그러한 개별자에 소속된 속성으로 격하시켰다. 이제 개별자에 달라붙어 공통 속성으로 존재하는 이(理)는 개별자의 존재 없이는 갈 곳이 없는 처량한 신세가 되고 말았다. 이러한 정약용의 논리는 사물의 내면보다는 외부의 다양성과 개별성에 더욱 집중하게 만들었다.

하지만 최한기는 여기서 더 나아가 기(氣)를 측정 가능하고 양화 가능한 개념으로 다루고 있다.

....

* 경험론

인식 · 지식의 근원을 오직 경험에서만 찾는 철학적 입장이다.

합리론이 인식의 근거를 이성의 활동에서 찾는다는 점에서 지식을 선험적으로 간주

하는 것과는 대조적으로, 경험론의 입장에서 지식은 후험적인 것으로 이해된다.

최한기의 기학(氣學)

최한기가 조선의 이기론(理氣論)과 서양의 경험론(經驗論)을 연결하여 만든 저작이 바로 〈기측체의 氣測體義〉다.

〈기측체의 氣測體義〉는 그가 34세에 집필한 그의 대표작으로 기(氣)의 몸체를 논한 〈신기통 神氣通〉과 추론을 통한 인식 문제를 다룬 〈추측록 推測錄〉을 합쳐 보완한 책이다.

기측체의(氣測體義) 개념의 핵심은 우주 만물은 기(氣)로 구성되어 있으며, 이(理)는 사람들이 지어낸 허상에 불과하다는 것이다. 세상 만물은 기(氣)로 이루어져 있는데, 생성, 조화, 소멸하는 과정에는 인간의 윤리적 정신이 개입될 여지가 없다고 본 것.

인간은 축적된 경험을 통해 사물을 인식하고 추측할 뿐이다. 최한기는 종교적 관념론과 인의(仁義) 사상에 함몰된 성리학을 부정하고 경험과 검증을 강조했다.

그가 말한 기(氣)는 모든 만물을 구성하는 가장 기초적 물질을 의미한다.

세상은 오직 기(氣)로만 구성되어있으며, 세상에 있는 것은 모두 물질이다. 기(氣)는 고정된 것이 아니고 활발하게 움직이며 돌고 변화한다. 가장 작은 단위인 물질이 모였다가 흩어졌다하면서 세상의 각 주체들을 구성하는 것. 나무나 돌처럼 보이는 것뿐만 아니라 생각이나 감정처럼 보이지 않는 것도 그 근원은 물질의 운동인 것이다.

세상엔 영원한 것은 없다.
물질로 이루어진 모든 것은 변화한다.
사람도 변화한다.
물질은 계속 움직이기 때문이다.

– 최한기

관찰, 추측, 검증 : 앎의 세 단계

최한기는 앎의 단계를 다음과 같이 크게 3단계로 구분하였다.

① 관찰 : 지식(알게 된 것), 생각하는 능력은 스스로 경험을 통해 얻은 것이지 선천적으로 타고난 것이 아니다. 대상에 대한 모든 지식은 눈, 코, 입, 귀, 피부를 통해 경험으로 얻어지는 것이다. 관찰이라는 것은 우리의 감각기관인 눈, 코, 입, 귀, 피부를 통해 대상을 지각

하고 그 특성과 자극을 기억하는 것이다.

② 추측 : 우리의 감각기관을 통해 사물의 단편적인 정보를 축적하는 것이 관찰이라면 추측은 기존의 축적된 지식을 바탕으로 미루어 헤아리는 것을 말한다. 즉 추측은 어떤 사물이나 현상에 대한 정보를 단순히 양적인 차원에서 많이 아는 것이 아니라 그 앎을 바탕으로 깊이 있게 생각하여 새로운 것을 발견해내거나 이론을 세우는 것이다.

③ 검증 : 자신이 경험으로 축적한 지식에 대해 법칙이나 원리를 발견했다면 그것이 확실한 것인지 증명해보는 과정이 필요하다. 그것을 검증이라고 한다.

성무선악설(性無善惡說)

앞서 우리는 맹자의 성선설과 순자의 성악설을 설펴보았다.
맹자는 이성적인 측면에서 인간의 본성이 선하다고 생각했고, 순자는 인간의 욕망과 본능에 집중하여 인간의 본성이 악하다고 주장했다.
하지만 최한기는 인간의 본성은 선하지도 악하지도 않다고 주장한다.
이는 고자(告子)의 성무선악설(性無善惡說)과 맞닿아 있다.

"사람 본성은 착하고 악함이 없다.

물길은 동쪽으로 트면 동쪽으로 흐르고, 서쪽으로 트면 서쪽으로 흐르는 여울물과 같다."

– 고자

"선은 일정하게 정해져 있는 것이 아니니 사람이 자기가 좋아하는 것을 말하고, 악 역시 정해져 있는 것이 아니니 자신이 싫어하는 것을 말한다."

– 최한기

최한기는 인간의 본성이 선한지 악한지를 논하기에 앞서 선과 악이 무엇인지부터 분석했고

결국 선과 악의 기준이라는 것은 애초에 존재했던 것이 아니라 인간이 만들어낸 것에 불과하다는 결론에 도달했다.

선과 악에는 개인의 감정이 개입되는데, 사람들 대다수가 공통적으로 좋아하거나 싫어하는 것들이 분류되고 고착화되면서 사회적인 선과 악으로 규정되기 시작한다. 이는 사회가 점점 진보하고 문화가 발달해감에 따라 더욱 뚜렷해지는 경향이 있다.

이는 선악 기준의 절대성을 부정하는 것이다. 어떤 사회에서 악인 것이 다른 사회에서는 선으로 받아들여질 수 있기 때문이다.

선악의 기준이 사회와 문화에 따라 달라질 수 있는 것이므로 우리는 다양성을 인정해야 한다.

_알아두면 좋은 **최한기의 명언**

- 가령 이 책을 쓴 사람이

  나와 동시대에 살고 있는 사람이라면

  천 리라도 불구하고 찾아가야 할 텐데,

  지금 나는 아무런 수고도 하지 않고

  가만히 앉아서 그를 만날 수 있네

  책을 사는데 돈이 많이 들긴 하지만

  양식을 싸 들고 멀리 찾아가는 것보다는

  훨씬 낫지 않은가?

- 천지가 사람과 만물을 생성하는 것은 다만 기(氣)이다.

  사물이 있고 사유 기관이 그에 따라서 발동해야만 비로소 인식하고 파악

  할 것이다.

- 세상엔 영원한 것은 없다.

  물질로 이루어진 모든 것은 변화한다.

  사람도 변화한다.

  물질은 계속 움직이기 때문이다.

최제우(崔濟愚)

1824 ~ 1864

"누구나 수련을 통해 한울님과 한 몸이 될 수 있다."

모든 사람이 천주인 한울님을 공경하고 모심으로써 군자가 되고, 나아가 보국안민의 주체가 될 수 있다는 경천(敬天)사상과 시천주(侍天主) 사상에 바탕을 두고 동학을 창시했다.

양반 중심의 신분제 사회에서 새로운 세상과 평등을 말하는 동학은 양민, 천민, 유생에 이르기까지 광범위한 계층의 지지를 받았다.

동학의 창시자

동학의 창시자 최제우는 1824년 경주의 몰락양반 가문에서 태어났다. 가난한 환경에서 자랐지만 어릴 때부터 총명했다고 전해진다. 일찍이 아버지와 사별하고 기울어져가는 가세 속에서 잡술에 종사했다. 의술, 풍수지리 등을 공부하고 서당의 훈장 등을 전전하며 옷 장사도 했지만 사정이 전혀 나아지지가 않았다.

그는 10년간 전국을 배회하며 생활고를 겪었지만 도탄에 빠진 민중의 삶을 직접 보고 체험한 덕에 마음속에 큰 뜻을 품고 고향에 돌아오게 된다.

이때 금강산 유정사에서 온 한 승려가 〈을묘천서 乙卯天書〉라는 책을 전해주었다고 전해진다. 그 누구도 이 책의 내용을 해석하지 못했는데 유독 젊은이만이 3일 만에 그 내용을 간파했다고 하면서 책에 쓰여진 것을 그대로 실천할 것을 당부하고는 사라졌다고 한다.

그 책에는 '하늘에 기도를 하라'라는 내용이 담겨있었고 최제우는 어지러운 나라를 바로 잡겠다는 결심으로 천명을 얻고자 울산의 암자에서 하늘에 정성을 드리면서 도를 닦았다.

그리고 마침내 1859년 경주 용담정에서 동학을 창시하기에 이른다.

최제우는 1860년 4월 도를 닦던 중 갑자기 몸이 떨리고 정신이 아득해지면서 천지가 진동하는 소리가 들리는 종교적 체험을 하게 되고 이때 한울님과 대화를 나눈 것으로 전해진다. 그는 자신이 경험한 종교적 체험을 바탕으로 전국적인 포교활동을 벌였으며, 양민, 천민, 유생에 이르기까지 광범위한 계층에서 수많은 사람들이 동학의 교리를 따르게 되었다고 한다.

대표적 저서로는 동학의 경전인 〈동경대전 東經大全〉과 〈용담유사 龍潭遺詞〉가 있는데, 이는 최제우가 사형을 당하자 그를 따르던 신도들이 그의 글을 모아 엮은 것이다. 한문체로 엮은 것이 〈동경대전 東經大全〉이고 가사체로 엮은 것이 〈용담유사 龍潭遺詞〉다.

〈동경대전 東經大全〉과 〈용담유사 龍潭遺詞〉에 나타난 동학의 신앙 대상인 천(天)은 주로 한울님으로 표현된다. 최제우가 창도 했던 당시 동학의 중심사상은 시천주(侍天主) 신앙을 바탕으로 한 보국안민(輔國安民)의 종교였다.

---

* 보국안민(輔國安民)

최제우(崔濟愚)가 도를 이루고 나라의 안위를 위해 사용한 구호로 '나라를 어려움에서 구해 내고 백성을 편하게 한다'는 뜻이다.

동학의 등장 배경

유교는 명분이 백성을 위한 왕도정치(王道政治)에 있었지만 실상은 지배층의 통치구조를 정당화하기 위한 수단으로만 활용되었다.

특히 세도 정치기에는 권력가에게 뇌물을 바치고 관직을 사는 매관매직이 성행하면서 그 재물을 확보하기 위해 백성들에게 가혹한 세금을 거두는 등 각종 수탈을 자행했다. 홍수, 지진, 역병까지 가중되면서 백성들의 삶은 더욱 고달파졌다. 세도 정치기의 사회 혼란 속에서 기성 종교인 유교와 불교는 제 역할을 다하지 못했으며, 외래 종교인 천주교는 점차 세력을 확대해 가며 우리나라의 고유한 풍속을 해치고 있었다.

이러한 상황 속에서 최제우는 유교, 불교, 도교에 민간사상을 융합하여 '동학'을 창시하였고 사회에 대한 불만이 극에 달했던 당시의 백성들은 신분의 평등과 새로운 미래에 대해서 말하는 동학에 더욱 의지하게 된다. 누구나 기(氣)를 수련하면 한울님과 한 몸이 될 수 있다는 생각은 그 당시의 백성들에게 평등사상을 심어주었고 이는 새로운 세상에 대한 희망의 불씨가 된 것이다.

동학은 시천주사상(侍天主思想)에 기초하면서도 보국안민(輔國安民)과 광제창생(廣濟蒼生)을 내세웠다는 점에서 민족적, 사회적 성격을 지닌 종교라고 할 수 있다.

동학이란 신의 명령에 자발적으로 복종하는 인간을 지향하는 천주교의 수직적 논리에 대항하여 동양인 우리나라의 도를 일으킨다는 뜻에서 최제우가 붙인 이름이다. (3대 교주인 손병희에 의하여 1905년에는 천도교로 개칭되었다.)

따라서 동학은 단순한 종교라기보다는 현실의 타락한 정치와 혼란한 사회를 바로잡고, 민생을 구제한다는 반봉건적 성격을 가진 종교이며, 동시에 서양 세력의 침략으로부터 나라를 구하고 백성을 평안케 한다는 점에서 반외세 운동의 성격까지 가진 종교이다.

사실 최제우(崔濟愚)라는 이름에서 제우(濟愚)는 어리석은 백성들을 구제한다는 뜻을 갖는다.

만백성을 널리 구제하고 모두가 평등한 세상을 만들자는 그의 수평적 연대 사상은 훗날 동학 농민운동으로 전개된다.

동학의 전개 과정

최제우가 창시한 초기의 동학은 모든 사람이 한울님을 공경하고 모심으로써 누구나 군자가 되고, 나아가 보국안민(輔國安民)의 주체가 될 수 있다는 경천사상(敬天思想)과 시천주사상(侍天主思想)사상에 바탕을 두고 있었다.

시천주사상(侍天主思想)은 지위고하를 막론하고 모든 사람이 천주인 한울님을 경외하고 내면화하는 과정을 통해 군자가 될 수 있다는 신분 평등의 이념이기도 하다.

각 개인이 한울님을 모신다는 것은 각 개인이 인격적 존엄성을 가진 주체로서 우뚝 선다는 것을 의미한다.

2대 교주인 최시형에 이르러서는 사인여천(事人如天)이라고 하여 신분의 고하를 막론하고 모든 인간에 한울님이 내재한 것으로 보았다. 인간에 한울님이 내재했다는 것은 인간 중심에 대한 가르침이 더욱 뚜렷한 형태로 발전한 것으로 천민, 상민, 양반을 가리지 않고 모두 한울님처럼 대해야 한다는 것을 의미한다. 이는 당시 양반 중심의 신분제를 부정하는 것이 된다. 심지어 사람뿐만 아니라 모든 자연물에 한울님이 내재해 있다는 범신론적 사상으로 변화했다.

3대 교주 손병희는 더 나아가서 사람이 곧 한울님이라는 인내천(人乃天)이라는 개념을 동학의 종지로 교의화하였다. 동학에서의 '천(天)'

178

에 대한 규정은 한국 사회가 근대화되어감에 따라 보다 인간 중심적으로 변모하여 사람이 곧 한울님이라는 인내천(人乃天)이라는 개념이 대두된 것이다.

이와 같은 동학사상은 대인관계에서 지배와 복종의 관계가 아닌 평등하고 수평적인 관계를 가르쳐줌으로써 인격적 존엄성에 대한 근대의 평등사상의 기초를 마련하였다.

하지만 동학의 영향력이 지속적으로 증대되자 위협을 느낀 지배층은 성리학적 위계질서를 교란시키는 동학을 사학으로 규정하고 탄압하기 시작했다. 결국 최제우는 체포되어 혹세무민(惑世誣民)의 죄목으로 처형을 당했지만 최제우가 순교한 뒤 2대 교주가 된 최시형이 〈동경대전 東經大全〉을 간행하여 교리를 확립하였고, 조직 체계를 정립하여 동학의 완성을 이루었다. 동학의 교리는 당시 백성들의 요구사항을 전적으로 반영하고 있었기 때문에 정부의 탄압에도 불구하고 더욱 크게 확산되어만 갔다. 1894년에는 무능한 조선 정부를 상대로 대규모 투쟁을 전개할 정도로 세력이 확대되었는데, 이것이 바로 동학농민운동이다.

동학은 3대 교주인 손병희로 이어지며 이때부터 동학은 천도교로 명칭이 바뀌었고(1905년) 일제 치하에서 우리나라의 독립운동에 사상적으로 큰 영향을 미치게 된다.

* 경천사상(敬天思想)

하늘을 숭배하는 종교적 사상

* 사인여천(事人如天)

동학의 2대교주 최시형이 시천주사상에 의거하여 '사람을 하늘처럼 섬기라'고 한 가르침. 시천주사상에 의하면 사람은 누구나 한울님을 모시고 있는 존재이기 때문에 사람을 대할 때는 하늘처럼 대해야 한다는 말이다.

동학농민운동의 불씨

동학농민운동은 조선 고종 31년(1894)에 동학교도 전봉준이 중심이 되어 일으킨 반봉건 · 반외세 운동이다.

동학농민운동은 억울하게 죽은 교주 최제우의 명예회복을 위한 종교적 운동의 형태로 발발했지만 지방 관리들의 약탈과 횡포에 대항하면서부터 점차 사회적 운동의 성격을 갖게 되었다.

동학 농민군이 조선 정부에 요구한 사항 중 일부

- 탐관오리의 죄목을 조사하여 엄징할 것
- 노비문서를 태워 버릴 것
- 과부의 재혼을 허락할 것

- 왜와 내통하는 자를 처벌할 것
- 인재를 고루 등용할 것
- 불법적으로 거두어들이는 세금을 없앨 것

동학농민운동의 전개과정

제1기
- 전라도 고부군수 조병갑의 횡포가 원인이 되어 전봉준을 중심으로 봉기(고부 민란)

제2기
- 안핵사 이용태가 동학 농민군을 탄압하자 고부를 재점령하고 백산에 집결
- 이후 전봉준, 김개남, 손화중 등이 황토현 전투와 황룡촌 전투에서 관군을 제압하고 전주성으로 진격
- 조선 정부는 동학군을 토벌하기 위해 청에 원병을 요청하고 일본은 텐진조약을 빌미로 병사를 파견

제3기
- 청,일군이 개입하자 전주화약을 성립시키고 이후 전라도 일대에 집강소를 설치하여 반봉건, 반외세적 개혁안을 제시하였다.

제4기
- 조선에 상륙한 일본군(1894. 5. 9)은 조선 정부의 철병요구를 무시하고 경복궁을 점령(1894. 6. 21)하여 내정간섭을 강화. 또한 청일

전쟁(1894. 6. 23)을 일으켰으며, 6월 25일 군국기무처를 만들어 제1차 갑오개혁을 추진

- 농민군은 9월 18일 재봉기하여 남접과 북접의 연합군을 조직
- 논산에 집결된 농민군이 관군, 일본군, 민보군 등과의 우금치 전투에서 패배하면서 동학 농민 운동은 실패로 돌아감.

전봉준을 중심으로 일어난 농민군은 황토현 전투, 장성전투에서 승리하여 전주를 점령하기에 이르지만 우금치 전투에서 패배하여 전봉준이 처형되는 결과를 맞이하게 된다.

동학농민운동은 패배로 끝이 났지만 동학 농민군의 요구는 1895년 갑오개혁 때 반영되었으며, 훗날 항일 투쟁의 전통으로 이어진다. 3·1운동 때는 천도교 대표자들이 민족 대표 33인에 대거 참여하기도 했다.

– 알아두면 좋은 **최제우의 명언**

- 나의 도(道)는 넓으나 간결하고 많은 말이 필요 없다.
- 도(道)의 줄기는 같으나 그 나타나는 이치의 모양은 다르다.
- 사람들이 천지 세상을 알지만 신령스러움을 모른다. 내 안에 곧 신령스러움이 있다.

〈참고문헌〉

강신주, 〈철학 vs 철학〉, 오월의 봄, 2016

정진일, 〈정수 동양철학 개론〉, 박영사, 2019

전호근, 〈한국 철학사 : 원효부터 장일순까지 한국 지성사의 거장들을 만나다〉, 메
  멘토, 2018

최진석, 〈생각하는 힘, 노자 인문학〉, 위즈덤하우스, 2015

강성률, 〈청소년을 위한 동양철학사〉, 평단문화사, 2009

강성률, 〈동양 철학사를 보다 : 이미지와 스토리텔링의 철학 여행〉, 리베르스쿨,
  2014

이종란, 〈동양 철학자 18명의 이야기〉, 그린북, 2011

채사장, 〈지적 대화를 위한 넓고 얕은 지식0〉, 웨일북, 2019

장자(김학주 역), 〈장자 : 절대적인 자유를 꿈꾸다〉, 연암서가, 2010

신정근, 〈동양철학의 유혹〉, 이학사, 2002

김성묵, 〈무도 동양 철학 특강〉, 휴먼큐브, 2015

한형조, 〈왜 동양철학인가 : 접근, 제자백가, 주자학, 그리고 전망〉, 문학동네, 2009

EBS 다큐프라임 - 절망을 이기는 철학, 제자백가

독서신문(http://www.readersnews.com)